COLLECTION
ROLF HEYNE

dim sum

dim sum

VICKI LILEY

WILHELM HEYNE VERLAG
MÜNCHEN

Inhalt

Alles über dim sum 6

Servieren von dim sum 8

Tee 10

Utensilien 12

Zutaten 14

Garmethoden 18

Klassiker 22

Teigtaschen 38

Gedämpfte Brötchen 54

Pfannkuchen und Rollen 64

Meeresfrüchte 74

Schweinefleisch 82

Gemüse 86

Desserts 92

Dips und Saucen 100

Glossar 106

Register 108

dim sum

ALLES ÜBER
dim sum

Ein sicheres Anzeichen dafür, dass eine Küche sich auf dem Höhepunkt ihrer Entwicklung befindet, ist es, wenn sie von ihren Anhängern als Kunst bezeichnet wird.

Unter den verschiedenen chinesischen Küchen hat sich besonders eine Art des Speisens zu einer stilvollen und ästhetischen kulinarischen Kunst entwickelt, auch wenn es dabei in chinesischen Restaurants mitunter etwas laut zugeht. Es handelt sich um dim sum oder yum cha, eine Kultur, die heute in den USA und Australien zum festen Bestandteil der Essgewohnheiten und der gesellschaftlichen Gepflogenheiten geworden ist.

Vor nicht allzu langer Zeit zählte man noch zur kulinarischen Avantgarde, wenn man sich mit Freunden zum Frühstück oder Brunch verabredete. Heute trifft man sich stattdessen zum dim sum, vor allem in Städten mit chinesischen Einwanderern. Übersetzt heißt dim sum so viel wie »das Herz anrühren«, yum cha bedeutet schlicht »Tee trinken«. Sowohl das Anrühren des Herzens als auch das Teetrinken bilden wesentliche Elemente einer Tradition, die aus der Zeit stammt, als man in den Teehäusern der chinesischen Region Guangzhou (Kanton) begann, Einheimischen und Reisenden kleine Häppchen anzubieten. Diese frühe Form des Schnellimbisses erreichte schon bald ein hohes Niveau und heute werden die dim-sum-Spitzenköche weltweit von den besten Restaurants umworben – von Hongkong bis Sydney und von Montreal bis San Francisco.

Die feinsten yum cha sind wahre Delikatessen und so hübsch anzusehen, dass sie zum Essen fast zu schade sind. Manche Restaurants bieten davon mehrere hundert Sorten an. Die Schönheit der dim sum unterliegt strengen Regeln, die in den verschiedenen Richtungen der chinesischen Küche gleichermaßen befolgt werden. Die Speisen sollen köstlich aussehen und ebenso gut schmecken, wie sie duften. Diesen drei Kriterien wird eine gleich große Bedeutung beigemessen. Wird ein dampfender Bambuskorb oder ein noch zugedeckter Teller serviert, steigt die Spannung bis zu jenem wunderbaren Augenblick, da der Deckel gelüftet wird und die Speisen Augen und Geruchssinn betören.

In Asien, insbesondere in Hongkong, wird dim sum vom frühen Morgen bis zum späten Nachmittag angeboten. In anderen Ländern inszeniert man es ausschließlich als Vormittags- und Mittagsritual. Heutzutage zeigen sich in der so genannten »Dim-sum-Achse« jedoch Veränderungen. Mit dem wirtschaftlichen Rückgang verblasst der Glanz Hongkongs mehr und mehr, und viele Spitzenköche lassen sich in Australien nieder. Es ist somit nicht erstaunlich, dass ebendort dieses Dim-sum-Rezeptbuch entstanden ist und fotografiert wurde.

Für dieses Buch haben wir führende Küchenchefs gebeten, uns in ihre Techniken und Lieblingsrezepte einzuweihen, von den beliebten gow gees und Teigtaschen bis hin zu ungewöhnlicheren und westlich beeinflussten Speisen wie Lachssäckchen und Garnelentoast.

Einige Rezepte wie Dim sum im Lotosblatt können problemlos vorbereitet werden. Hier verbinden sich wunderbar die drei Elemente der chinesischen Küche: visuelle Harmonie, Aroma und Geschmack, was Ihre Gäste zweifelsohne beeindrucken wird. Die Lotosblätter sind mit einer Mischung aus Kurzkornreis, fein gehackten Pilzen, luftgetrockneten chinesischen Schweinswürstchen und großen Garnelen gefüllt und werden anschließend gedämpft. Wenn Sie die mit Blättern umwickelten Rollen bei Tisch aufschneiden, werden der verführerische Duft und die verlockende Füllung aus goldenem Reis und allerlei Köstlichkeiten tatsächlich das Herz Ihrer Gäste anrühren.

Es ist beruhigend zu wissen, dass man bei Heißhunger auf dim sum nicht mehr quer durch die Stadt fahren muss, sondern dass sich zahlreiche Lieblingshäppchen auch leicht zu Hause zubereiten lassen.

Die Rezepte in diesem Buch wurden von der erfahrenen und weit gereisten Vicki Liley zusammengestellt. Die Fotos von Louise Lister sind so realitätsnah, dass einem das Wasser im Mund zusammenläuft.

Ist es nicht faszinierend zu beobachten, dass sich diese Art des Essens stetig weiterentwickelt? Aus der Sicht eines Küchenchefs muss dim sum herrlich aufregend sein. Und trotz der zahlreichen Regeln und Rezepte findet sich nach wie vor Raum für neue Ideen zu Teigtaschen, kleinem Blätterteiggebäck und winzigen gedämpften Teigkörbchen mit Leckereien.

Da sich yum cha auch außerhalb Asiens immer größerer Beliebtheit erfreut, wird das Repertoire ständig durch neue Kreationen ergänzt. So beendete man dim sum noch vor zwanzig Jahren traditionsgemäß mit süßen Cremetoreletts. Heute dagegen werden eine ganze Reihe von Desserts wie frische Mangocreme oder Mandelcremewürfel angeboten.

Für das Essen von yum cha gibt es gewisse Regeln, die Sie sofort bemerken werden, wenn Sie eine chinesische Tafel beobachten. Die Mahlzeit beginnt mit den gedämpften Speisen. Aber wie ein Küchenchef die Aromen aufeinander abstimmt, so können Sie die Reihenfolge der kleinen köstlichen Gerichte selbst bestimmen. Genießen Sie das Zusammenspiel von Aroma und Beschaffenheit verschiedener dim sum, den Duft des dampfenden Tees und der Teigtaschen, das vertraute Klappern der Yum-cha-Wagen im Restaurant und die vielen Gäste, die Essen und Beisammensein gleichermaßen lieben. Alles in allem ein überaus köstlicher Angriff auf die Sinne und eine wunderbare Art zu speisen!

Maeve O'Meara lebt in Sydney und ist Autorin kulinarischer Werke und Fernsehsendungen. Zu ihren Spezialgebieten zählen die vielfältigen ethnischen Küchen Australiens.

SERVIEREN VON
dim sum

Dim sum, auch »Herzenswonnen«, »Wärme fürs Herz« und »Köstlichkeit fürs Herz« genannt, ist ein Oberbegriff für eine Vielzahl wohlschmeckender kleiner Häppchen, die eine typische Spezialität der Gegend um Kanton sind. Zu ihnen zählen im Dampf gegarte oder frittierte Teigtaschen mit Fleisch oder einer anderen würzigen Füllung, gedämpfte Brötchen, Garnelenbällchen sowie verschiedene Desserts.

Gemäß dem chinesischen Brauch werden die Häppchen zu chinesischem Tee gereicht. Dim sum oder yum cha, wie sie gelegentlich auch heißen, haben sich auch in vielen Städten mit chinesischen Einwanderern zu einer beliebten Sonntagmorgen-Tradition entwickelt. Die kleinen Meisterwerke werden auf Tabletts und Wagen angerichtet und den Gästen äußerst verführerisch präsentiert. Auf manchen Wagen sind dampfende Brötchen in Bambusdämpfkörben gestapelt, andere bieten heiße, frittierte Frühlingsrollen oder verschiedene »umwickelte« Delikatessen. Die Wagen werden regelmäßig herumgerollt, wobei stets nur ein bis zwei dim sum auf einmal serviert werden, sodass der Gast die kleinen Häppchen immer frisch genießen kann.

Wer dim sum zu Hause zubereitet, kann natürlich nicht die große Auswahl an verschiedenen Köstlichkeiten herstellen, die Restaurants anbieten. Es empfiehlt sich daher, zwei bis drei Gerichte auszuwählen. In der Regel können sie vorbereitet werden, das Dämpfen oder Frittieren geschieht dann erst kurz vor dem Servieren. Als Utensilien benötigen Sie lediglich einen Wok und ein bis zwei Bambusdämpfkörbe. Fertig gegarte, heiße dim sum sollten unverzüglich zu Tisch gebracht werden. Häufig werden Sojasauce, Chilisauce oder einer der speziellen Dips, die auf den Seiten 100 bis 105 beschrieben werden, gereicht.

Ein bis zwei Dim sum bilden auch ein elegantes und überraschendes Hors d'œuvre, das Sie zu einem Drink vor dem Essen reichen können, und natürlich eignen sich die Häppchen großartig für eine Cocktailparty. Bei einem Dim-sum-Brunch werden acht bis zehn mundgerechte Portionen pro Person gerechnet. Man richtet sie auf kleinen Serviertellern an oder serviert sie in den Dämpfkörben, in denen sie gegart wurden. An jedem Platz werden ein Schälchen und Essstäbchen bereitgestellt. Zu den dim sum reicht man chinesischen Tee.

SERVIEREN VON DIM SUM

Tee

Der Legende nach entdeckte Kaiser Chen-Nung den Tee, als er im Jahre 2737 vor Christi Geburt in seinem Garten etwas aufgebrühtes Wasser zu sich nahm. Von einem nahen Teestrauch fielen einige Blätter in seine Schale, der Kaiser probierte das Getränk und fand Gefallen daran: So entstand der Tee.

Im vierten Jahrhundert n. Chr. war Tee in China bereits weit verbreitet, und man schrieb ihm medizinische und stärkende Eigenschaften zu. Im achten Jahrhundert schrieb der Dichter Lu Yu im *Cha King* oder der *Heiligen Schrift des Tees*, dem ersten Buch, das jemals über Tee verfasst wurde, »… Tee besänftigt das Gemüt, beruhigt den Geist und versetzt ihn in einen Zustand der Harmonie; er regt die Gedanken an und verhindert Schläfrigkeit, der Körper fühlt sich leicht und erfrischt, die Wahrnehmung ist wieder klar.«

Zu dim sum wird stets chinesischer Tee ohne Milch und Zucker gereicht. Chinesischer Tee sollte nur aus hochwertigen Teeblättern und frisch gebrühtem Wasser bereitet werden. Traditionsgemäß wird der Tee in Porzellankannen serviert und in kleinen Porzellanschalen ohne Griff gereicht. Guter Tee kann bis zu drei Mal aufgebrüht werden, wobei der zweite Aufguss allgemein als der Beste gilt, da der Tee dann Duft und Aroma vollends entfaltet. Pro Tasse rechnet man 1 Teelöffel Tee.

Chinesischer Tee kann in fünf Sorten eingeteilt werden: aromatisierter, schwarzer, grüner, weißer und Oolong-Tee.

Aromatisierter Tee

Grüner Tee, der zunächst getrocknet und dann mit duftenden Blüten leicht aromatisiert wird. Er wird nach den jeweiligen Blüten benannt, wie Jasmin-, Orangenblüten-, Rosenblüten- oder Weiße-Chrysanthemen-Tee.

Schwarzer Tee

Fermentierter Tee. Bei diesem Prozess färben sich die Blätter schwarz.

Grüner Tee

Bei der Herstellung von grünem Tee wird auf die Fermentierung verzichtet. So bleibt die grünliche Farbe der Blätter erhalten.

Weißer Tee

Ein seltener, unfermentierter Tee, dessen Name sich von der silbrig weißen Farbe der Blätter herleitet.

Oolong-Tee

Halbfermentierter Tee, der die Aromen und Eigenschaften von schwarzem und grünem Tee verbindet.

Utensilien

Zum Dampfgaren und Frittieren von dim sum ist der Wok wegen seiner Größe und Form hervorragend geeignet. Die beliebten und preisgünstigen Stahlwoks, die in asiatischen Geschäften angeboten werden, sind mit einer feinen Lackschicht überzogen, so dass sie nicht rosten. Dieser Film muss vor dem Gebrauch entfernt werden. Hierzu gibt man kaltes Wasser und 2 Esslöffel Backpulver in den Wok und lässt die Mischung auf der Herdplatte 15 Minuten sprudelnd kochen. Abgießen und den Lack mit einem Schwamm entfernen. Bei Bedarf das Verfahren wiederholen. Den Wok abspülen, abtrocknen und anschließend einfetten.

Woks aus Stahl und Gusseisen müssen vor dem Gebrauch eingefettet werden. Die glatte Oberfläche verhindert, dass Zutaten beim Garen anhaften und der Wok sich verfärbt. Um den Wok gebrauchsfertig zu machen, wird er bei geringer Hitze auf dem Herd erwärmt. Küchenkrepp und Pflanzenöl stehen griffbereit. Wenn der Wok heiß ist, träufelt man Öl auf das Küchenkrepp und reibt den Wok damit ein. Das Verfahren wiederholen, bis das Papier beim Reiben sauber und farblos bleibt.

Ein eingefetteter Wok wird nach dem Kochen nicht mit Spülmittel, sondern nur mit heißem Wasser und einem Schwamm gereinigt. Nach dem Abtrocknen wird er leicht erwärmt und erneut mit Öl eingefettet. Bewahren Sie den Wok an einem trockenen, luftigen Ort auf. Wird er längere Zeit nicht benutzt, kann der Fettfilm ranzig werden. Eine regelmäßige Benutzung verhindert dies.

Neben dem Wok benötigt man beim Garen einige weitere Kochutensilien. Dämpfkörbe aus Bambus finden Sie in verschiedenen Größen in Asia-Shops. In einem Wok mit köchelndem Wasser lassen sie sich übereinander stapeln, so dass der Koch entweder die gesamte Mahlzeit auf einmal oder mehrere Portionen desselben Gerichts gleichzeitig zubereiten kann. Bambusdämpfkörbe werden nach Gebrauch lediglich mit heißem Wasser abgespült. Vor dem Lagern müssen sie gründlich getrocknet werden. Zu den praktischen Utensilien zählen außerdem ein Schaumlöffel (eventuell mit Bambusgriff), mit dem Speisen aus dem heißen Frittierfett gehoben werden können, ein gutes Küchenbeil zum Hacken und extra lange Stäbchen zum Kochen, Rühren und Herausheben der Speisen.

Zutaten

pak-choi

Chinesische getrocknete Pilze

Dunkle Pilze von intensivem Geschmack, die vor der Verwendung 10–15 Minuten in einer Schüssel mit kochendem Wasser eingeweicht und vor dem Schneiden oder Hacken leicht ausgedrückt werden. Harte Stiele werden entfernt.

pak-choi

Asiatische Kohlsorte mit dicken, weißen Stielen und dunkelgrünen Blättern. Der Kohl hat ein zartes Aroma. Die Größe der Pflanzen variiert von etwa 40 cm großen Exemplaren bis zum 15 cm kleinen Baby-pak-choi. Ersatzweise können Chinesischer Brokkoli oder choisum verwendet werden.

Chinesischer Brokkoli

Weiß blühender Brokkoli mit bitterem Aroma, der auch unter dem Namen gai laan angeboten wird. Ersatzweise kann choisum (siehe Seite 15) verwendet werden.

Chinesische getrocknete Pilze

Chinesische Würstchen

Chinesische Schweinswürstchen (lop chong)

Geräucherte, stark gewürzte Schweinswürstchen mit leicht süßem Aroma. Die luftgetrockneten Lop chong sind an der roten Farbe zu erkennen. Sie werden in asiatischen Lebensmittelgeschäften im Kühlfach angeboten und müssen vor dem Verzehr 15 Minuten dampfgegart oder gebraten werden.

choisum

Beliebtes und weit verbreitetes chinesisches Blattgemüse mit gelben Blüten und dünnen Stielen. Die gesamte Pflanze eignet sich zum Verzehr und hat ein zartes Aroma.

choisum

ZUTATEN 15

Hoisin-Sauce

Reiswein

Hoisin-Sauce
Süße, dickflüssige chinesische Würzsauce aus Sojabohnen mit Essig, Zucker, Chilischoten und anderen Gewürzen. Hoisin-Sauce lässt sich lange Zeit im Kühlschrank aufbewahren.

Reisblätter
Die zerbrechlichen, hauchdünnen Teighüllen aus Reismehl, Wasser und Salz werden vor Gebrauch kurz in Wasser getaucht. Mit frischem oder gegartem Inhalt können sie roh gegessen oder ausgebacken werden und bilden dann eine knusprig leichte Hülle.

Reiswein
Süßer chinesischer Wein mit geringem Alkoholgehalt, der auch als Shaoxing-Reiswein bekannt ist und aus fermentiertem Klebreis bereitet wird. Ersatzweise eignen sich auch Sake oder trockener Sherry.

Shiitake-Pilze
Fleischige Pilze mit hellen oder dunklen Hüten. Getrocknete Shiitake müssen vor Gebrauch 10–15 Minuten in einer Schüssel mit kochendem Wasser eingeweicht und vor dem Schneiden oder Hacken leicht ausgedrückt werden.

Reisblätter

Shiitake-Pilze

Sesamöl

Wasserkastanien

Sesamöl
Öl aus gerösteten Sesamsamen mit starkem Eigengeschmack, das in erster Linie zum Aromatisieren verwendet wird. Sesamöl lässt sich durch nichts ersetzen.

Frühlingsrollen-Teigblätter
Dünne Blätter aus Reismehlteig, mit denen herzhafte Füllungen umwickelt werden. Sie werden zu einer Rolle geformt und frittiert, bis sie goldbraun und knusprig sind. Tiefgekühlte Teigblätter werden aufgetaut, voneinander getrennt und bis zur Verwendung mit einem feuchten Küchentuch abgedeckt.

Wasserkastanien
Runde Knollen einer asiatischen Pflanze mit leicht süßem, knackigem, hellem Fruchtfleisch. Wasserkastanien sind als Dosenware weit verbreitet. In frischem Wasser können sie bis zu drei Wochen im Kühlschrank aufbewahrt werden. Als Ersatz ist gewürfelter Sellerie gut geeignet.

Won-tan-Blätter
Quadratische oder runde dünne Blätter aus Getreide- oder Eierteig, mit denen zahlreiche Speisen umwickelt werden können. Sie werden frisch oder tiefgekühlt angeboten. Frische Blätter halten sich im Kühlschrank bis zu einer Woche und können auch eingefroren werden.

Frühlingsrollen-Teigblätter

Won-tan-Blätter

SCHRITT FÜR SCHRITT
Garmethoden

Frittieren Schritt für Schritt

1. Öl in den Wok geben und auf 190 °C erhitzen. Die Temperatur mit einem Frittierthermometer prüfen oder ein Stückchen Brot ins Öl geben. Es müssen sich sofort Blasen bilden, und das Brot muss schnell goldbraun werden.

2. Die Häppchen portionsweise hineingeben und goldbraun ausbacken.

3. Mit einem Schaumlöffel die Häppchen herausnehmen und auf Küchenpapier abtropfen lassen.

Dampfgaren Schritt für Schritt

1. Einen mittelgroßen Bambusdämpfkorb mit Backpapier auskleiden. Häppchen einfüllen und den Dämpfkorb abdecken.

2. Einen Wok zur Hälfte mit Wasser füllen (der Dämpfkorb darf das Wasser nicht berühren) und das Wasser zum Kochen bringen.

3. Den Dämpfkorb zugedeckt über das siedende Wasser stellen. Die angegebene Zeit im Dampf garen, bei Bedarf etwas kochendes Wasser in den Wok nachgießen. Den Dämpfkorb aus dem Wok heben und die dim sum anrichten.

Hinweis: Bambusdämpfkörbchen lassen sich übereinander stapeln, sodass verschiedene Gerichte oder mehrere Portionen gleichzeitig gegart werden können.

Teigtaschen bereiten Schritt für Schritt

1. Die Won-tan-Blätter bereit legen und mit einem feuchten Küchentuch bedecken. Ein Won-tan-Blatt auf die Arbeitsfläche legen, etwas Füllung darauf geben, den Teigrand mit Wasser bestreichen und die Tasche zu einem Halbkreis falten.

2. Wenn eine Gow-gee-Presse zur Hand ist, die Blätter einzeln in die Presse einlegen und mit der Mischung füllen. Den Teigrand mit Wasser bestreichen, die Presse schließen und fest zusammendrücken.

3. Quadratische oder runde Blätter können auch zu kleinen Säckchen geformt werden, indem man die Teigränder um die Füllung schlägt und darüber zusammendrückt. Oder man zieht den Teig um die Füllung und drückt diese sanft hoch, sodass sie wie in einem Körbchen von oben zu sehen ist. Den Boden auf der Arbeitsfläche leicht flach drücken. Dim sum mit Frischhaltefolie bedeckt beiseite stellen und die restlichen Teigtaschen formen.

Gedämpfte Brötchen bereiten Schritt für Schritt

1. Den Teig in walnussgroße Stücke teilen.

2. Jedes Stück zu einem Kreis ausrollen oder flach drücken. Den Teig mit einem feuchten Küchentuch bedecken.

3. Jeweils etwas Füllung in die Mitte eines Kreises geben. Die Ränder hochziehen und mit einer leichten Drehung über der Füllung verschließen. Aus Backpapier kleine Quadrate schneiden und die Brötchen mit der verschlossenen Seite nach unten auf das Papier setzen.

Klassiker

Goldene Garnelenbällchen

12 Scheiben Weißbrot vom Vortag

500 g große Garnelen (King Prawns), geschält und ohne Darm

6 Wasserkastanien (aus der Dose), abgegossen und klein gehackt

60 g Speck, ohne Schwarte und fein gehackt

1 TL Zucker

½ TL Salz

2 TL Stärkemehl

750 ml Pflanzenöl zum Frittieren

Die Rinde vom Brot entfernen und das Innere in 5 mm große Würfel schneiden. Auf einem Blech auslegen und bei Zimmertemperatur trocknen lassen.

Die Garnelen mit einem Küchenbeil flach drücken und fein hacken. Mit den Wasserkastanien und dem Speck in einer Schüssel vermischen und Zucker, Salz und Stärkemehl hineinrühren. Alles gut durchmischen und zugedeckt 30 Minuten an einem kühlen Ort ziehen lassen.

Jeweils 1 Teelöffel der Masse zu Bällchen formen und diese in den Brotwürfelchen wälzen. Das Öl im Wok oder einer tiefen Pfanne auf 190 °C erhitzen. Die Temperatur ist erreicht, wenn sich um ein Stückchen Brot Blasen bilden und es eine goldene Farbe annimmt (eventuell ein Frittierthermometer verwenden). Die Garnelenbällchen portionsweise hineingeben und 1–2 Minuten goldbraun ausbacken. Mit einem Schaumlöffel herausheben und auf Küchenpapier abtropfen lassen. Mit Schneller süß-saurer Sauce (siehe Seite 104) heiß servieren.

Ergibt 12 Stück

GOLDENE GARNELENBÄLLCHEN

Won-tan-Blüten

500 g Hühnerfleisch, fein gehackt

6 Wasserkastanien (aus der Dose), abgegossen und klein gehackt

1 kleine Möhre, fein gehackt

2 Schalotten oder Frühlingszwiebeln, fein gehackt

1 TL frischer Ingwer, geschält und gerieben

1 TL Sesamöl

1 TL Reiswein

1 TL Sojasauce

1 TL Salz

2 TL Zucker

2 TL Stärkemehl

24 Won-tan-Blätter

Für die Füllung das fein gehackte Hühnerfleisch mit Wasserkastanien, Möhre, Schalotten bzw. Frühlingszwiebeln, Ingwer, Sesamöl, Reiswein, Sojasauce, Salz, Zucker und Stärkemehl in einer Schüssel vermengen. Mit leicht angefeuchteten Händen alles gut durchmischen.

Die Won-tan-Blätter auf der Arbeitsfläche mit einem feuchten Küchentuch bedecken. Nacheinander je 3 Teelöffel der Mischung auf die Blätter geben, die Teigränder zu einem kleinen Körbchen darumschlagen und die Füllung sanft hochdrücken, sodass sie oben zu sehen ist. Den Boden auf der Arbeitsfläche leicht flach drücken. Mit Frischhaltefolie bedeckt beiseite stellen.

Einen mittelgroßen Bambusdämpfkorb mit Backpapier auskleiden. Einen mittelgroßen Wok zur Hälfte mit Wasser füllen (der Dämpfkorb darf das Wasser nicht berühren) und das Wasser zum Kochen bringen. Die Won-tan-Blüten auf den Boden des Dämpfkorbes setzen und diesen zugedeckt über das siedende Wasser stellen. 12 Minuten im Dampf garen, bei Bedarf etwas kochendes Wasser in den Wok nachgießen. Den Dämpfkorb aus dem Wok heben und die Teigtaschen anrichten. Mit Sojasauce oder Ingwer-Soja-Dip (siehe Seite 102) warm servieren.

Ergibt 24 Stück

WON·TAN·BLÜTEN 25

Perlbällchen

220 g weißer Kurzkornreis

500 g Schweinefleisch, klein gehackt

4 Schalotten oder Frühlingszwiebeln, fein gehackt

4 Wasserkastanien (aus der Dose), abgegossen und klein gehackt

1 TL Zucker

1 TL Salz

2 Knoblauchzehen, zerdrückt

2 TL frischer Ingwer, gerieben

1 TL Sesamöl

2 TL Sojasauce

2 TL Reiswein

Den Reis in einer mittelgroßen Schüssel mit kaltem Wasser bedecken und 30 Minuten ziehen lassen. Abgießen und auf einem mit Küchenpapier ausgelegten Blech zum Trocknen ausbreiten.

In einer Schüssel das Schweinefleisch mit Schalotten bzw. Frühlingszwiebeln, Wasserkastanien, Zucker, Salz, Knoblauch, Ingwer, Sesamöl, Sojasauce und Reiswein vermengen. Mit leicht angefeuchteten Händen gut durchmischen. Die Masse in 20 Portionen aufteilen.

Einen Bambusdämpfkorb mit Bananenblättern oder Backpapier auskleiden. Mit angefeuchteten Händen die Mischung zu kleinen Bällchen formen und diese im Reis wälzen, bis sie ringsum gut bedeckt sind.

Einen mittelgroßen Wok zur Hälfte mit Wasser füllen (der Dämpfkorb darf das Wasser nicht berühren) und das Wasser zum Kochen bringen. Die Reisbällchen portionsweise in den Dämpfkorb setzen und diesen zugedeckt über das siedende Wasser stellen. 30 Minuten im Dampf garen, bei Bedarf etwas kochendes Wasser in den Wok nachgießen. Den Dämpfkorb aus dem Wok heben und die Bällchen anrichten. Mit Sojasauce oder Ingwer-Soja-Dip (siehe Seite 102) warm servieren.

Ergibt etwa 20 Stück

Gefüllte Krebsscheren

12 Krebsscheren, gegart

500 g große Garnelen (King Prawns), geschält und ohne Darm

2 Knoblauchzehen, fein gehackt

3 TL frischer Ingwer, geschält und gerieben

1 Eiweiß

2 TL Fischsauce

¼ TL Salz

4 Schalotten oder Frühlingszwiebeln, grob gehackt

50 g Sellerie, fein gehackt

750 ml Pflanzenöl zum Frittieren

30 g Stärkemehl

TEIG
60 g Stärkemehl

60 g Weizenmehl Type 405

½ TL Backpulver

½ TL Salz

250 ml Wasser

Der Panzer um das dickere Ende der Krebsscheren ist meist bereits leicht angeknackt. Den Panzer an dieser Stelle behutsam entfernen und nur am äußeren Ende der Schere zum Festhalten stehen lassen.

In einer Küchenmaschine Garnelen, Knoblauch, Ingwer, Eiweiß, Fischsauce und Salz zu einer glatten Masse vermischen. In eine Schüssel geben und mit Schalotten und Sellerie verrühren. Die Garnelenmasse in 12 Portionen aufteilen. Mit angefeuchteten Händen eine Portion in der Handinnenfläche flach drücken, das fleischige Ende einer Krebsschere in die Mitte geben und gleichmäßig mit der Garnelenmasse umhüllen.

Für den Teig Stärkemehl, Mehl, Backpulver und Salz in eine Schüssel sieben, nach und nach das Wasser angießen und alles mit dem Schneebesen oder einer Küchenmaschine zu einem glatten Teig vermischen.

Das Öl im Wok oder einer tiefen Pfanne auf 190 °C erhitzen. Die Temperatur ist erreicht, wenn sich um ein Stückchen Brot Blasen bilden und es eine goldene Farbe annimmt (eventuell ein Frittierthermometer verwenden). Die Scheren in Stärkemehl wälzen, überschüssiges Mehl abschütteln. Die Scheren am Ende festhalten und in den Teig tauchen, dann portionsweise 2–3 Minuten goldbraun ausbacken. Mit einem Schaumlöffel herausnehmen und auf Küchenpapier abtropfen lassen. Mit Chilisauce (siehe Seite 102) oder mit Limetten-Fisch-Sauce (siehe Seite 105) heiß servieren.

Ergibt 12 Stück

Garnelentoast

4 Scheiben Weißbrot vom Vortag

500 g große Garnelen (King Prawns), geschält und ohne Darm

2 Knoblauchzehen, fein gehackt

2 TL frischer Ingwer, geschält und gerieben

1 TL Zucker

½ TL Salz

1 TL Stärkemehl

1 Eiweiß

1 TL Sesamöl

4 Schalotten oder Frühlingszwiebeln, fein gehackt

1 Ei, verquirlt

125 g Semmelbrösel

750 ml Pflanzenöl zum Frittieren

Dieses an die westliche Küche angepasste Rezept zählt zu den Lieblingsspeisen in Dimsum-Teehäusern.

Die Rinde vom Brot entfernen und jede Scheibe in vier Dreiecke schneiden. Das Brot bei Zimmertemperatur trocknen lassen.

Mit der Küchenmaschine die Garnelen mit Knoblauch, Ingwer, Zucker, Salz, Stärkemehl, Eiweiß und Sesamöl zu einer glatten Masse vermengen. In eine Schüssel geben und die Schalotten bzw. Frühlingszwiebeln untermischen.

1 Teelöffel der Garnelenmischung in die Mitte eines Toasts geben. Das Brot und die Mischung mit verquirltem Ei bestreichen und mit Semmelbröseln bestreuen. Die Garnelenmischung zu einer Pyramide formen und die überschüssigen Semmelbrösel abschütteln.

Das Öl im Wok oder einer tiefen Pfanne auf 190 °C erhitzen. Die Temperatur ist erreicht, wenn sich um ein Stückchen Brot Blasen bilden und es eine goldene Farbe annimmt (eventuell ein Frittierthermometer verwenden). Die Toasts portionsweise hineingeben und 1–2 Minuten von beiden Seiten goldbraun frittieren. Mit einem Schaumlöffel herausheben und auf Küchenpapier abtropfen lassen. Mit Süßer Koriandersauce (siehe Seite 100) oder Schneller süß-saurer Sauce (siehe Seite 104) heiß auf den Tisch bringen.

Ergibt 14 Stück

Schanghai-Teigtaschen

500 g pak-choi

500 g Schweinefleisch, klein gehackt

1 TL frischer Ingwer, geschält und gerieben

¼ TL Salz

1 TL Sesamöl

1 TL heller Reisessig

1 EL Austernsauce

16 Won-tan-Blätter

4 EL Pflanzenöl

150 ml Wasser

Diese Teigtaschen nennt man auch Schanghai-Straßenteigtaschen, denn sie wurden ursprünglich in den fünfziger Jahren von Flüchtlingen aus Schanghai in den Straßen Hongkongs auf kleinen Kohleöfchen bereitet. Sie sind auch heute noch sehr beliebt.

Pak-choi 2 Minuten in siedendem Wasser garen, abgießen und unter kaltem Wasser abschrecken. Das Gemüse fein hacken. In einer Schüssel pak-choi mit Schweinefleisch, Ingwer, Salz, Sesamöl, Essig und Austernsauce vermengen. Die Masse mit angefeuchteten Händen gut durchmischen.

Die Won-tan-Blätter auf der Arbeitsfläche mit einem feuchten Küchentuch bedecken. Nacheinander je 3 Teelöffel der Schweinefleischmischung auf die Blätter setzen. Die Teigränder mit Wasser bestreichen, zusammennehmen und mit einer leichten Drehung über der Füllung verschließen. Mit der verschlossenen Seite nach unten auf einen großen Teller geben und mit Frischhaltefolie bedeckt beiseite stellen.

2 Esslöffel Öl im Wok oder in einer Pfanne erhitzen. Portionsweise 8 Teigtaschen mit der verschlossenen Seite nach unten hineingeben und 3 Minuten goldbraun backen. Behutsam die Hälfte des Wassers angießen (Vorsicht, die Flüssigkeit spritzt!) und garen, bis das Wasser verdampft ist. Die Hitze reduzieren und die Teigtaschen weiter garen, bis sie nach 3–4 Minuten beinahe durchsichtig sind. Die fertigen Teigtaschen herausnehmen und die restlichen ebenso garen. Mit Sojasauce oder Einfacher Pflaumensauce (siehe Seite 104) heiß servieren.

Ergibt 16 Stück

Traditionelle Minifrühlingsrollen

2 EL Pflanzenöl

2 Knoblauchzehen, fein gehackt

2 TL frischer Ingwer, geschält und gerieben

100 g Schweinehackfleisch

100 g Hühnerfleisch, klein gehackt

60 g große Garnelen (King Prawns), geschält, ohne Darm und klein gehackt

2 Selleriestangen, fein gehackt

1 kleine Möhre, fein gehackt

6 Wasserkastanien (aus der Dose), abgegossen und klein gehackt

4 Schalotten oder Frühlingszwiebeln, fein gehackt

90 g Chinakohl, in Streifen geschnitten

2 TL Stärkemehl

2 EL Austernsauce

1 EL Sojasauce

2 EL Geflügelbouillon

1 TL Sesamöl

20 tiefgekühlte Frühlingsrollen-Teigblätter (11,5 x 11,5 cm), aufgetaut

2 TL Stärkemehl, mit 2 EL Wasser vermischt

1 l Pflanzenöl zum Frittieren

1 Esslöffel Öl im Wok bei mittlerer Temperatur erhitzen und Knoblauch und Ingwer darin 1 Minute anschwitzen. Schweinefleisch, Huhn und Garnelen zufügen und unter Rühren braten, bis die Mischung nach etwa 3 Minuten Farbe annimmt. In einem Schälchen warm stellen.

1 weiteren Esslöffel Öl in den Wok geben und erneut bei mittlerer Hitze erwärmen. Sellerie, Möhre, Wasserkastanien, Schalotten bzw. Frühlingszwiebeln und Chinakohl zufügen und etwa 2 Minuten rühren, bis die Zutaten weich sind. In einem Schälchen Stärkemehl, Austernsauce, Sojasauce und Geflügelbouillon vermengen. Die Mischung in den Wok geben, aufkochen lassen, die Temperatur auf mittlere Hitze reduzieren und die Sauce 1–2 Minuten einkochen lassen. Vom Herd nehmen und gründlich auskühlen lassen. Die abgekühlte Schweinefleischmischung und das Sesamöl hinzugeben und alles gut durchmischen.

Die Frühlingsrollen-Teigblätter voneinander lösen, auf die Arbeitsfläche legen und mit einem feuchten Küchentuch bedecken. Mit den Fingerspitzen die Ränder eines Teigblattes mit der Stärkemehl-Wasser-Mischung anfeuchten. 1 Esslöffel der Füllung in die Mitte geben, diagonal aufrollen und die Enden einschlagen. Die Enden mit der Stärkemehl-Wasser-Mischung bestreichen und gut andrücken. Mit den restlichen Teigblättern ebenso verfahren.

Das Öl im Wok oder einer tiefen Pfanne auf 190 °C erhitzen. Die Temperatur ist erreicht, wenn sich um ein Stückchen Brot Blasen bilden und es eine goldene Farbe annimmt (eventuell ein Frittierthermometer verwenden). Die Frühlingsrollen portionsweise hineingeben und 1 Minute goldbraun ausbacken. Mit einem Schaumlöffel herausnehmen und auf Küchenpapier abtropfen lassen. Dazu passt Schnelle süß-saure Sauce (siehe Seite 104).

TRADITIONELLE MINIFRÜHLINGSROLLEN

Gedämpfte Brötchen mit chinesischen Schweinswürstchen

125 g Weizenmehl Type 405
3 TL Backpulver
2 TL feiner Kristallzucker
2 TL Schmalz
50–100 ml warme Milch
6 luftgetrocknete chinesische Schweinswürstchen
1 EL Hoisin-Sauce und etwas Sauce zum Dippen
2 TL Sojasauce

Mehl und Backpulver in eine Schüssel sieben, Zucker untermischen. Das Schmalz mit den Händen hineinkneten und die Milch einrühren, bis ein geschmeidiger Teig entsteht. Den Teig auf einer leicht bemehlten Arbeitsfläche 1–2 Minuten durchkneten, in Folie wickeln und 30 Minuten ruhen lassen. Unterdessen jede Wurst halbieren. In einer Schüssel 1 Esslöffel Hoisin-Sauce mit der Sojasauce vermischen und die Wursthälften darin 25 Minuten marinieren.

Den Teig erneut auf einer leicht bemehlten Arbeitsfläche 1 Minute durchkneten, zu einer dicken Rolle von 30 cm Länge formen und in 12 Stücke schneiden. Die Teigstücke mit einem feuchten Küchentuch vor dem Austrocknen schützen. Eine Teigportion zu einer dünnen Rolle von etwa 10 cm Länge formen und spiralförmig so um eine Wursthälfte wickeln, dass die Enden frei bleiben. Das fertige Brötchen auf ein geöltes Blech legen und die restlichen Brötchen ebenso herstellen.

Einen mittelgroßen Bambusdämpfkorb mit Bananenblättern oder Backpapier auskleiden. Einen mittelgroßen Wok zur Hälfte mit Wasser füllen (der Dämpfkorb darf das Wasser nicht berühren) und das Wasser zum Kochen bringen. Die Brötchen portionsweise in den Dämpfkorb setzen, dabei etwas Platz zum Aufgehen lassen und den Korb zugedeckt über das siedende Wasser stellen. 15 Minuten im Dampf garen, bei Bedarf etwas kochendes Wasser in den Wok nachgießen. Den Dämpfkorb aus dem Wok heben und die Brötchen anrichten. Warm und mit Hoisin-Sauce servieren.

Ergibt 12 Stück

GEDÄMPFTE BRÖTCHEN MIT CHINESISCHEN SCHWEINSWÜRSTCHEN

Teigtaschen

Schnelle Straßenteigtaschen

6 getrocknete chinesische Pilze

125 g große Garnelen (King Prawns), geschält, ohne Darm und fein gehackt

250 g Schweinefleisch, fein gehackt

4 Schalotten oder Frühlingszwiebeln, fein gehackt

½ TL Salz

1 TL Zucker

1 EL Austernsauce

1 TL Sesamöl

1 EL Stärkemehl

12 Won-tan-Blätter

Diese Teigtaschen wurden traditionell entlang der Straße gegart und verkauft. Daher stammt ihr Name: Cook-and-sell-dumplings – Teigtaschen zum schnellen Garen und Verkaufen.

Die Pilze in einer kleinen Schüssel mit kochendem Wasser 10–15 Minuten quellen lassen, bis sie weich sind. Abgießen und die überschüssige Flüssigkeit aus den Pilzen herausdrücken. Die Pilze fein hacken, dabei die dicken Stiele entfernen. In einer Schüssel Pilze, Garnelen, Schweinefleisch, Schalotten bzw. Frühlingszwiebeln, Salz, Zucker, Austernsauce, Sesamöl und Stärkemehl vermengen. Mit angefeuchteten Händen gründlich durchmischen.

Die Won-tan-Blätter auf der Arbeitsfläche mit einem feuchten Küchentuch bedecken. Nacheinander je 2 Teelöffel der Mischung auf die Blätter geben, die Ränder zu einem kleinen Körbchen darumschlagen und die Füllung sanft hochdrücken, so dass sie oben zu sehen ist. Den Boden auf der Arbeitsfläche leicht flach drücken. Mit Frischhaltefolie bedeckt beiseite stellen.

Einen mittelgroßen Bambusdämpfkorb mit Backpapier auskleiden. Einen mittelgroßen Wok zur Hälfte mit Wasser füllen (der Dämpfkorb darf das Wasser nicht berühren) und das Wasser zum Kochen bringen. Die gefüllten Won-tans auf den Boden des Dämpfkorbes setzen und diesen zugedeckt über das siedende Wasser stellen. 10 Minuten im Dampf garen, bei Bedarf etwas kochendes Wasser in den Wok nachgießen. Den Dämpfkorb aus dem Wok heben und die Teigtaschen anrichten. Mit Sojasauce oder Ingwer-Soja-Dip (siehe Seite 102) warm servieren.

Ergibt 12 Stück

Lachssäckchen

280 g Lachs (ohne Haut und Gräten), fein gehackt
3 EL Doppelrahmfrischkäse
3 Schalotten oder Frühlingszwiebeln, fein gehackt
2 TL frischer Ingwer, geschält und gerieben
¼ TL Salz
1 Prise Fünf-Gewürze-Pulver
1 TL abgeriebene Schale einer unbehandelten Limette
1 Eigelb
12 Won-tan-Blätter
12 Schnittlauchhalme

Ein Rezept der westlichen Art für einen beliebten Dim-sum-Klassiker.

In einer Schüssel Lachs, Frischkäse, Schalotten bzw. Frühlingszwiebeln, Ingwer, Salz, Fünf-Gewürze-Pulver, Limettenschale und Eigelb vermengen. Mit angefeuchteten Händen gründlich durchmischen.

Die Won-tan-Blätter auf der Arbeitsfläche mit einem feuchten Küchentuch bedecken. 2 Teelöffel der Mischung auf ein Blatt geben, die Teigränder mit Wasser bestreichen und über der Füllung zusammendrücken. Mit einem feuchten Küchentuch bedeckt beiseite stellen. Mit den restlichen Blättern ebenso verfahren.

Einen mittelgroßen Bambusdämpfkorb mit Backpapier auskleiden. Einen mittelgroßen Wok zur Hälfte mit Wasser füllen (der Dämpfkorb darf das Wasser nicht berühren) und das Wasser zum Kochen bringen. Die gefüllten Won-tans in den Dämpfkorb setzen und diesen zugedeckt über das siedende Wasser stellen. 8 Minuten im Dampf garen, bei Bedarf etwas kochendes Wasser in den Wok nachgießen. Den Dämpfkorb aus dem Wok heben und die Teigtaschen anrichten. Den Schnittlauch in heißes Wasser tauchen und jedes Säckchen locker damit zusammenschnüren. Mit Sojasauce oder Süßer Chilisauce warm servieren.

Hahnenkamm-Teigtaschen

250 g Hühnerfleisch, fein gehackt

4 Schalotten oder Frühlingszwiebeln, fein gehackt

1 TL frischer Ingwer, geschält und gerieben

3 Wasserkastanien (aus der Dose), abgegossen und fein gehackt

2 EL Bambussprossen (aus der Dose), abgegossen und fein gehackt

2 TL Reiswein

2 TL Salz

1 TL Zucker

1 TL Sojasauce

1 TL Sesamöl

1 EL Austernsauce

1½ EL Stärkemehl

16 runde Won-tan-Blätter

1,5 l Wasser

1 EL Pflanzenöl

Diese Teigtaschen erhielten ihren Namen, da sie große Ähnlichkeit mit dem Kopfputz eines Hahns haben.

In einer Schüssel Hühnerfleisch, Schalotten bzw. Frühlingszwiebeln, Ingwer, Wasserkastanien, Bambussprossen, Reiswein, 1 Teelöffel Salz, Zucker, Sojasauce, Sesamöl, Austernsauce und Stärkemehl vermengen. Mit angefeuchteten Händen gründlich durchmischen.

Die Won-tan-Blätter auf der Arbeitsfläche mit einem feuchten Küchentuch bedecken. Die Blätter nacheinander einzeln in eine Gow-gee-Presse legen und mit je 2 Teelöffel der Mischung füllen. Den Rand mit Wasser bestreichen, die Presse schließen und fest zusammendrücken. Alternativ jedes Won-tan-Blatt auf die Arbeitsfläche legen, die Füllung darauf geben, die Teigränder mit Wasser bestreichen und das Blatt zu einem Halbkreis falten. Den Rand mit den Fingern eindrücken. Mit einem feuchten Küchentuch bedeckt beiseite stellen.

Das Wasser in einem mittelgroßen Wok oder einem Topf mit 1 Teelöffel Salz und dem pflanzlichen Öl zum Kochen bringen. Die Teigtaschen portionsweise 5 Minuten im siedenden Wasser garen. Mit einem Schaumlöffel herausheben und mit kaltem Wasser abschrecken. Sofort servieren und Limetten-Koriander-Dip (siehe Seite 103) dazu reichen.

Ergibt 16 Stück

HAHNENKAMM-TEIGTASCHEN 43

Knusprig frittierte Teigtaschen

6 getrocknete chinesische Pilze

125 g große Garnelen (King Prawns), geschält, ohne Darm und fein gehackt

250 g Schweinefleisch, fein gehackt

125 g Bambussprossen (aus der Dose), abgegossen und fein gehackt

6 Schalotten oder Frühlingszwiebeln, fein gehackt

1 Knoblauchzehe, fein gehackt

2 TL Sesamöl

3 TL Sojasauce

2 TL Reiswein

20 runde Won-tan-Blätter

1 l Pflanzenöl zum Frittieren

Die Pilze in einer kleinen Schüssel mit kochendem Wasser bedecken und 10–15 Minuten ziehen lassen, bis sie weich sind. Abgießen, die überschüssige Flüssigkeit herausdrücken, dicke Stiele entfernen und die Pilze fein hacken. In einer Schüssel Pilze, Garnelen, Schweinefleisch, Bambussprossen, Schalotten bzw. Frühlingszwiebeln und Knoblauch mit Sesamöl, Sojasauce und Reiswein vermengen. Mit angefeuchteten Händen gründlich durchmischen.

Die Won-tan-Blätter auf der Arbeitsfläche mit einem feuchten Küchentuch bedecken. Die Blätter einzeln in eine Gowgee-Presse legen und mit je 2 Teelöffel der Mischung füllen. Den Rand mit Wasser bestreichen, die Presse schließen und fest zusammendrücken. Wenn keine Presse zur Hand ist, ein Won-tan-Blatt nach dem anderen auf die Arbeitsfläche legen, Füllung darauf geben, den Teigrand mit Wasser bestreichen und das Blatt zu einem Halbkreis falten. Den Rand mit den Fingern dekorativ eindrücken. Mit einem feuchten Küchentuch bedeckt beiseite stellen.

Das Öl im Wok oder einer tiefen Pfanne auf 190 °C erhitzen. Die Temperatur ist erreicht, wenn sich um ein Stückchen Brot Blasen bilden und es eine goldene Farbe annimmt (eventuell ein Frittierthermometer verwenden). Die Teigtaschen portionsweise hineingeben und 1–2 Minuten goldbraun ausbacken. Mit einem Schaumlöffel herausnehmen und auf Küchenpapier abtropfen lassen. Mit Sojasauce oder Chilisauce (siehe Seite 102) heiß servieren.

Ergibt 20 Stück

Schweinefleisch-Schwalben

250 g Schweinefleisch, fein gehackt

125 g große Garnelen (King Prawns), geschält, ohne Darm und fein gehackt

1 EL frischer Ingwer, geschält und gerieben

4 Schalotten oder Frühlingszwiebeln, fein gehackt

2 TL Reiswein

½ TL Salz

1 TL Sesamöl

3 TL Stärkemehl

20 quadratische Won-tan-Blätter

1 l Pflanzenöl zum Frittieren

Frittiert erinnert die Form dieser kleinen Leckerbissen an fliegende Schwalben.

Schweinefleisch mit Garnelen und Ingwer in der Küchenmaschine zu einer glatten Masse verrühren. In eine Schüssel geben. Schalotten bzw. Frühlingszwiebeln, Reiswein, Salz, Sesamöl und Stärkemehl hinzufügen. Mit angefeuchteten Händen gründlich durchmischen.

Die Won-tan-Blätter auf der Arbeitsfläche mit einem feuchten Küchentuch bedecken. 2 Teelöffel der Mischung in die Mitte eines Won-tan-Blattes geben, den Rand mit Wasser bestreichen, die Ecken wie einen Briefumschlag zur Mitte falten, die schrägen Seiten andrücken. Mit einem feuchten Küchentuch bedecken und beiseite stellen. Mit den restlichen Blättern ebenso verfahren.

Das Öl im Wok oder einer tiefen Pfanne auf 190 °C erhitzen. Die Temperatur ist erreicht, wenn sich um ein Stückchen Brot Blasen bilden und es eine goldene Farbe annimmt (eventuell ein Frittierthermometer verwenden). Die Won-tans portionsweise hineingeben und 2–3 Minuten goldbraun ausbacken. Mit einem Schaumlöffel herausheben und auf Küchenpapier abtropfen lassen. Mit Sojasauce oder Limetten-Koriander-Dip (siehe Seite 103) heiß servieren.

Ergibt 20 Stück

Im Wok frittierte Geldsäckchen

1 pak-choi, gewaschen und in einzelne Stiele getrennt

250 g Hühnerfleisch, fein gehackt

1 TL Sesamöl

3 Schalotten oder Frühlingszwiebeln, fein gehackt

1 TL frischer Ingwer, geschält und gerieben

1 Knoblauchzehe, fein gehackt

1 TL Reiswein

2 TL Austernsauce

1 TL Sojasauce

1 Prise Salz

3 TL Stärkemehl

20 Won-tan-Blätter

1 l Pflanzenöl zum Frittieren

Diese kleinen Säckchen erinnern an die Lederbeutel, die in China zum Aufbewahren von Geld verwendet werden.

Pak-choi 2 Minuten in kochendem Wasser garen, abgießen und unter kaltem Wasser abschrecken. Das Gemüse fein hacken. In einer Schüssel pak-choi, Hühnerfleisch, Sesamöl, Schalotten bzw. Frühlingszwiebeln, Ingwer, Knoblauch, Reiswein, Austernsauce, Sojasauce, Salz und Stärkemehl vermengen. Mit angefeuchteten Händen gründlich durchmischen.

Die Won-tan-Blätter auf der Arbeitsfläche mit einem feuchten Küchentuch bedecken. Nacheinander je 2 Teelöffel der Füllung auf die Blätter geben, den Teigrand mit Wasser bestreichen, über der Füllung zusammenfassen und mit einer leichten Drehung verschließen. Mit einem feuchten Küchentuch bedecken und beiseite stellen.

Das Öl im Wok oder einer tiefen Pfanne auf 190 °C erhitzen. Die Temperatur ist erreicht, wenn sich um ein Stückchen Brot Blasen bilden und es eine goldene Farbe annimmt (eventuell ein Frittierthermometer verwenden). Die Teigtaschen portionsweise hineingeben und 1–2 Minuten goldbraun ausbacken. Mit einem Schaumlöffel herausnehmen und auf Küchenpapier abtropfen lassen. Mit Soja-, Hoisin- oder Einfacher Pflaumensauce (siehe Seite 104) heiß servieren.

Ergibt 20 Stück

Gedämpfte Spinat-Ingwer-Teigtaschen

1 EL Pflanzenöl

1 EL frischer Ingwer, geschält und gerieben

3 Knoblauchzehen, zerdrückt

2 Hand voll Spinat, gewaschen und klein gehackt

½ TL Salz

15 Won-tan-Blätter

Öl im Wok oder in einer Pfanne erhitzen. Ingwer und Knoblauch darin 1 Minute anschwitzen. Den Spinat hinzufügen und 2–3 Minuten rühren, bis er zusammenfällt. Vom Herd nehmen und salzen. Die Mischung in eine Schüssel geben und gründlich auskühlen lassen.

Die Won-tan-Blätter auf der Arbeitsfläche mit einem feuchten Küchentuch bedecken. 2 Teelöffel der Mischung auf ein Blatt geben, den Teigrand mit Wasser bestreichen, über der Füllung zusammenfassen und mit einer leichten Drehung verschließen. Mit einem feuchten Küchentuch bedecken und beiseite stellen. Mit den restlichen Blättern ebenso verfahren.

Einen mittelgroßen Bambusdämpfkorb mit Backpapier auskleiden. Einen mittelgroßen Wok zur Hälfte mit Wasser füllen (der Dämpfkorb darf das Wasser nicht berühren) und das Wasser zum Kochen bringen. Die Teigtaschen in den Dämpfkorb setzen und diesen zugedeckt über das siedende Wasser stellen. 10 Minuten im Dampf garen, bei Bedarf etwas kochendes Wasser in den Wok nachgießen. Den Dämpfkorb aus dem Wok heben und die Teigtaschen anrichten. Warm und mit Sojasauce servieren.

Ergibt 15 Stück

GEDÄMPFTE SPINAT-INGWER-TEIGTASCHEN 51

Teigtaschen mit Zuckererbsensprossen

125 g Zuckererbsensprossen, grob gehackt

125 g große Garnelen (King Prawns), geschält, ohne Darm und grob gehackt

2 TL frischer Ingwer, geschält und gerieben

3 TL Austernsauce

1 TL Sojasauce

1 TL Reiswein

1/4 TL Salz

1/2 TL Zucker

1/2 TL Sesamöl

1 EL Stärkemehl

15 runde Won-tan-Blätter

Die Zuckererbsensprossen etwa 1 Minute in kochendem Wasser blanchieren. Abseihen und unter kaltem Wasser abschrecken. In einer Schüssel die Zuckererbsensprossen mit Garnelen, Ingwer, Austernsauce, Sojasauce, Reiswein, Salz, Zucker, Sesamöl und Stärkemehl vermengen. Mit angefeuchteten Händen gründlich durchmischen.

Die Won-tan-Blätter auf der Arbeitsfläche mit einem feuchten Küchentuch bedecken. 3 Teelöffel der Mischung auf ein Blatt geben und den Rand mit Wasser bestreichen. Jeweils ein Drittel des Randes nach innen falten, sodass ein Dreieck entsteht. Die Ränder leicht mit den Fingern andrücken. Mit einem feuchten Küchentuch bedecken und beiseite stellen. Mit den restlichen Blättern ebenso verfahren.

Einen mittelgroßen Bambusdämpfkorb mit Backpapier auskleiden. Einen mittelgroßen Wok zur Hälfte mit Wasser füllen (der Dämpfkorb darf das Wasser nicht berühren) und das Wasser zum Kochen bringen. Die Won-tans in den Dämpfkorb setzen und diesen zugedeckt über das siedende Wasser stellen. 10 Minuten im Dampf garen, bei Bedarf etwas kochendes Wasser in den Wok nachgießen. Den Dämpfkorb aus dem Wok heben und die Teigtaschen anrichten. Mit Sojasauce warm servieren.

Ergibt 15 Stück

GEDÄMPFTE Brötchen

Gedämpfte Brötchen mit Schweinefleisch

TEIG

1 ½ TL Trockenhefe

125 ml warmes Wasser

50 g feiner Kristallzucker

180 g Weizenmehl Type 405

1 TL Backpulver

3 TL Butter, zerlassen

FÜLLUNG

2 EL Pflanzenöl

3 TL frischer Ingwer, geschält und gerieben

2 Knoblauchzehen, gehackt

1 EL Hoisin-Sauce

1 EL Austernsauce

1 EL Sojasauce

1 TL Sesamöl

3 TL Stärkemehl, mit 1 EL Wasser verrührt

250 g chinesisches Schweinefleisch vom Grill, fein gehackt

6 Schalotten oder Frühlingszwiebeln, fein gehackt

Für den Teig in einer kleinen Schüssel die Hefe mit 2 Esslöffel warmem Wasser, 1 Teelöffel Zucker und 1 Teelöffel Mehl glatt rühren. Mit einem Küchentuch abdecken und an einem warmen Ort etwa 15 Minuten ruhen lassen, bis die Masse schaumig wird.

Das restliche Mehl und das Backpulver in eine große Schüssel sieben. Den restlichen Zucker, die Hefemischung, das restliche warme Wasser und die zerlassene Butter hinzufügen. Alles mit einem Holzlöffel zu einem weichen Teig vermischen. Den Teig auf eine leicht bemehlte Arbeitsfläche geben und 3–5 Minuten mit den Händen durchkneten, bis er glatt und elastisch ist. Eine große Schüssel ölen und den Teig hineingeben. Die abgedeckte Schüssel an einem warmen Ort etwa 1 Stunde gehen lassen, bis sich das Teigvolumen verdoppelt hat.

Für die Füllung Öl im Wok oder in einer Pfanne bei mittlerer Temperatur erhitzen und Ingwer und Knoblauch etwa 1 Minute anschwitzen. Hoisin-Sauce, Sojasauce, Austernsauce und Sesamöl angießen und alles 2 Minuten köcheln. Das mit Wasser verrührte Stärkemehl zugeben, die Mischung aufkochen lassen und die Sauce 2 Minuten einköcheln. Vom Herd nehmen und Schweinefleisch sowie Schalotten bzw. Frühlingszwiebeln einrühren. Die Mischung in eine Schüssel geben und gründlich auskühlen lassen.

Den Teig aus der Schüssel nehmen und 5 Minuten durchkneten, bis er geschmeidig ist. In 16 gleiche Stücke teilen und jedes zu einem Kreis mit 6 cm Durchmesser ausrollen. Mit einem feuchten Küchentuch bedecken. Je 2 Teelöffel der Füllung in die Mitte eines Kreises geben. Die Ränder über der Füllung zusammennehmen, mit einer leichten Drehung verschließen und die Brötchen mit einem feuchten Küchentuch bedecken.

Aus Backpapier 16 Quadrate schneiden und die Brötchen mit der verschlossenen Seite nach unten darauf setzen. Einen mittelgroßen Wok zur Hälfte mit Wasser füllen (der Bambusdämpfkorb darf das Wasser nicht berühren) und das Wasser zum Kochen bringen. Die Brötchen portionsweise in den Dämpfkorb setzen und diesen zugedeckt über das siedende Wasser stellen. 15 Minuten im Dampf garen. Den Dämpfkorb aus dem Wok heben und die gedämpften Brötchen anrichten. Mit einer Haushaltsschere jedes Brötchen zweimal sternförmig einschneiden und mit Sojasauce oder Hoisin-Sauce warm servieren.

Ergibt 16 Stück

GEDÄMPFTE BRÖTCHEN MIT SCHWEINEFLEISCH

Gedämpfte Brötchen mit Lotosnusspaste

TEIG

1 ½ TL Trockenhefe

125 ml warmes Wasser

50 g feiner Kristallzucker

180 g Weizenmehl Type 405

1 TL Backpulver

3 TL Butter, zerlassen

FÜLLUNG

235 g Lotosnusspaste (aus der Dose)

Für den Teig in einer kleinen Schüssel die Hefe mit 2 Esslöffel warmem Wasser, 1 Teelöffel Zucker und 1 Teelöffel Mehl glatt rühren. Mit einem Küchentuch abdecken und an einem warmen Ort etwa 15 Minuten ruhen lassen, bis die Masse schaumig wird.

Das restliche Mehl und das Backpulver in eine große Schüssel sieben. Den restlichen Zucker, die Hefemischung, das restliche warme Wasser und die zerlassene Butter hinzufügen. Mit einem Holzlöffel zu einem weichen Teig vermischen. Den Teig auf eine leicht bemehlte Arbeitsfläche geben und 3–5 Minuten mit den Händen durchkneten, bis er glatt und elastisch ist. Eine große Schüssel ölen und den Teig hineingeben. Die abgedeckte Schüssel an einem warmen Ort etwa 1 Stunde gehen lassen, bis sich das Teigvolumen verdoppelt hat.

Den Teig aus der Schüssel nehmen und etwa 5 Minuten gut durchkneten, bis er geschmeidig ist. In 16 gleiche Stücke teilen und jedes zu einem Kreis mit 6 cm Durchmesser ausrollen. Die Teigkreise mit einem feuchten Küchentuch bedecken. Jeweils 2 Teelöffel Lotosnusspaste in die Mitte eines Kreises geben. Die Ränder darüber zusammenfassen, mit einer leichten Drehung verschließen und die Brötchen mit einem feuchten Küchentuch bedecken.

Aus Backpapier 16 Quadrate schneiden und die Brötchen mit der verschlossenen Seite nach unten darauf setzen. Einen mittelgroßen Wok zur Hälfte mit Wasser füllen (der Bambusdämpfkorb darf das Wasser nicht berühren) und das Wasser zum Kochen bringen. Die Brötchen portionsweise in den Dämpfkorb setzen und diesen zugedeckt über das siedende Wasser stellen. 15–20 Minuten im Dampf garen, bei Bedarf etwas kochendes Wasser in den Wok nachgießen. Den Dämpfkorb aus dem Wok heben und die gedämpften Brötchen warm servieren.

Ergibt 16 Stück

GEDÄMPFTE BRÖTCHEN MIT LOTOSNUSSPASTE

Gedämpfte Brötchen mit Hühnerfleisch

TEIG

300 g Weizenmehl Type 405

3 TL Backpulver

110 g feiner Kristallzucker

125 ml Milch

90 ml Wasser

60 ml Pflanzenöl

FÜLLUNG

6 getrocknete chinesische Pilze

1 EL Pflanzenöl

3 TL frischer Ingwer, geschält und gerieben

250 g Hühnerfleisch, fein gehackt

2 EL Bambussprossen (aus der Dose), abgegossen und gehackt

4 Schalotten oder Frühlingszwiebeln, gehackt

1 EL Austernsauce

1 TL Sojasauce

1 TL Sesamöl

¼ TL Salz

2 TL Stärkemehl, mit 2 EL Geflügelbouillon verrührt

Für den Teig Mehl und Backpulver in eine Schüssel sieben und Zucker zugeben. Milch, Wasser und Öl vermischen und nach und nach mit dem Mehl vermengen, bis ein weicher Teig entsteht. Den Teig auf eine leicht bemehlte Arbeitsfläche geben und 1–2 Minuten durchkneten. In Frischhaltefolie eingewickelt 1 Stunde an einem kühlen Ort ruhen lassen.

Für die Füllung die Pilze in einer kleinen Schüssel mit kochendem Wasser 10–15 Minuten quellen lassen, bis sie weich sind. Abgießen und die überschüssige Flüssigkeit aus den Pilzen herausdrücken. Die Pilze fein hacken, dabei die dicken Stiele entfernen. Im Wok oder einer Pfanne Öl bei mittlerer Temperatur erhitzen und Ingwer und Knoblauch etwa 1 Minute anschwitzen. Hühnerfleisch zugeben und in 3 Minuten Farbe annehmen lassen. Bambussprossen, Schalotten bzw. Frühlingszwiebeln, Austernsauce, Sojasauce, Sesamöl, Salz und Stärkemehl-Bouillon-Mischung zufügen und alles unter Rühren etwas einkochen lassen. Vom Herd nehmen, die Füllung auf einen Teller geben und gründlich auskühlen lassen.

Den Teig zu einer Rolle von 40 cm Länge formen. In 16 etwa 2,5 cm lange Stücke teilen und jedes Stück zu einer Kugel formen. Die Teigkugeln mit einem feuchten Küchentuch bedecken. Jede Kugel einzeln in der Hand zu einem Schälchen formen und je 1 Teelöffel der Füllung in die Mitte geben. Die Teigränder über der Füllung zusammenfassen, mit einer leichten Drehung verschließen und die Brötchen mit einem feuchten Küchentuch bedecken.

Aus Backpapier 16 Quadrate schneiden und die Brötchen mit der verschlossenen Seite nach unten darauf setzen. Einen mittelgroßen Wok zur Hälfte mit Wasser füllen (der Bambusdämpfkorb darf das Wasser nicht berühren) und das Wasser zum Kochen bringen. Die Brötchen portionsweise in den Dämpfkorb setzen und diesen zugedeckt über das siedende Wasser stellen. 20 Minuten im Dampf garen, bei Bedarf etwas kochendes Wasser in den Wok nachgießen. Den Dämpfkorb aus dem Wok heben und die Brötchen anrichten. Mit einer Haushaltsschere jedes gedämpfte Brötchen über Kreuz einschneiden. Dazu passt Süße Koriandersauce (siehe Seite 100).

Ergibt 16 Stück

GEDÄMPFTE BRÖTCHEN MIT HÜHNERFLEISCH

Gedämpfte Brötchen mit Red-bean-Paste

TEIG

300 g Weizenmehl Type 405

1 ½ TL Backpulver

50 g feiner Kristallzucker

60 ml Milch

2 EL Wasser

1 ½ EL Pflanzenöl

FÜLLUNG

235 g Red-bean-Paste (aus der Dose)

2 TL schwarze Sesamsamen

Für den Teig Mehl und Backpulver in eine Schüssel sieben und Zucker zugeben. Milch, Wasser und Öl vermischen und nach und nach mit dem Mehl vermengen, bis ein weicher Teig entsteht. Den Teig auf eine leicht bemehlte Arbeitsfläche geben und 1–2 Minuten mit den Händen durchkneten. In Frischhaltefolie eingewickelt 1 Stunde an einem kühlen Ort ruhen lassen.

Den Teig zu einer Rolle von 20 cm Länge formen. In 8 Stücke à 2,5 cm teilen und jedes Stück zu einer Kugel formen. Die Teigkugeln mit einem feuchten Küchentuch bedecken. Jede Kugel einzeln in der Hand zu einem Schälchen formen und je 1 Teelöffel Red-bean-Paste in die Mitte geben. Die Teigränder über der Füllung zusammennehmen, mit einer leichten Drehung verschließen und die Brötchen mit einem feuchten Küchentuch bedecken.

Aus Backpapier 8 Quadrate schneiden und die Brötchen mit der verschlossenen Seite nach unten darauf setzen. Einen mittelgroßen Wok zur Hälfte mit Wasser füllen (der Bambusdämpfkorb sollte das Wasser nicht berühren) und das Wasser zum Kochen bringen. Die Brötchen portionsweise in den Dämpfkorb setzen und diesen zugedeckt über das siedende Wasser stellen. 20 Minuten im Dampf garen, bei Bedarf etwas kochendes Wasser in den Wok nachgießen. Den Dämpfkorb aus dem Wok heben und die Brötchen mit einer Haushaltsschere zweimal sternförmig einschneiden. Mit Sesam bestreuen und noch warm servieren.

Ergibt 8 Stück

GEDÄMPFTE BRÖTCHEN MIT RED-BEAN-PASTE

Gedämpfte Brötchen mit Gemüse

TEIG

1 ½ TL Trockenhefe

125 ml warmes Wasser

50 g feiner Kristallzucker

180 g Weizenmehl Type 405

1 TL Backpulver

3 TL Butter, zerlassen

FÜLLUNG

2 EL Pflanzenöl

1 TL frischer Ingwer, geschält und gerieben

2 Knoblauchzehen, gehackt

4 Pak-choi-Stauden, fein gehackt

3 Choisum-Stauden, fein gehackt

1 Möhre, fein gehackt

6 Schalotten oder Frühlingszwiebeln, fein gehackt

1 TL Sesamöl

2 EL Süße Chilisauce

Für den Teig in einer kleinen Schüssel die Hefe mit 2 Esslöffel warmem Wasser, 1 Teelöffel Zucker und 1 Teelöffel Mehl verrühren. Mit einem Küchentuch abdecken und an einem warmen Ort etwa 15 Minuten ruhen lassen, bis die Masse schaumig wird.

Das restliche Mehl und das Backpulver in eine große Schüssel sieben. Den restlichen Zucker, die Hefemischung, das restliche warme Wasser und die zerlassene Butter hinzufügen. Mit einem Holzlöffel zu einem weichen Teig vermischen. Den Teig auf eine leicht bemehlte Arbeitsfläche geben und 3–5 Minuten mit den Händen durchkneten, bis er glatt und elastisch ist. Eine große Schüssel ölen und den Teig hineingeben. Die abgedeckte Schüssel an einem warmen Ort etwa 1 Stunde gehen lassen, bis sich das Teigvolumen verdoppelt hat.

Für die Füllung Öl im Wok oder in einer Pfanne bei mittlerer Temperatur erhitzen und Ingwer und Knoblauch etwa 1 Minute anschwitzen. Pak-choi, choisum, Möhre und Schalotten bzw. Frühlingszwiebeln zugeben und alles 2 Minuten unter Rühren dünsten. Vom Herd nehmen und Sesamöl sowie Chilisauce hineinrühren. Die Mischung in eine Schüssel geben und gründlich auskühlen lassen.

Den Teig aus der Schüssel nehmen und etwa 5 Minuten gut durchkneten, bis er geschmeidig ist. In 16 gleiche Stücke teilen und jedes zu einem Kreis mit 6 cm Durchmesser ausrollen. Die Teigkreise mit einem feuchten Küchentuch bedecken. 2 Teelöffel der Füllung in die Mitte eines Kreises geben. Die Ränder darüber zusammenfassen, mit einer leichten Drehung verschließen und das Brötchen mit einem feuchten Küchentuch bedecken. Mit den restlichen Teigkreisen ebenso verfahren.

Aus Backpapier 16 Quadrate schneiden und die Brötchen mit der verschlossenen Seite nach unten darauf setzen. Einen Wok zur Hälfte mit Wasser füllen und das Wasser zum Kochen bringen. Die Brötchen portionsweise in den Dämpfkorb setzen und diesen zugedeckt über das siedende Wasser stellen. 15 Minuten im Dampf garen. Den Dämpfkorb aus dem Wok heben und die Brötchen anrichten. Jedes Dämpfbrötchen zweimal über Kreuz einschneiden. Mit Sojasauce, Süßer Koriandersauce (siehe Seite 100) oder Chilisauce (siehe Seite 102) warm servieren.

Ergibt 16 Stück

GEDÄMPFTE BRÖTCHEN MIT GEMÜSE 63

PFANNKUCHEN UND Rollen

Pfannkuchen mit Pekingente

PFANNKUCHEN

90 g Weizenmehl Type 405

45 g Stärkemehl

2 Eier, verquirlt

180 ml Wasser

60 ml Milch

2 TL feiner Kristallzucker

1 EL Pflanzenöl

FÜLLUNG

15 Frühlingszwiebeln, geputzt

2 Möhren, geschält und in feine Stifte geschnitten

1 chinesische gebratene Ente

150 ml Hoisin-Sauce

1 EL Reiswein

12 Schnittlauchhalme

Für die Pfannkuchen Mehl und Stärkemehl in eine Schüssel sieben. In einer zweiten Schüssel die Eier mit Wasser, Milch und Zucker verquirlen. Eine Mulde in die Mehlmischung drücken und nach und nach die Eiermasse hineinrühren, bis ein glatter Teig entsteht.

In einer Pfanne das Öl auf mittlerer Stufe erhitzen, 2 Esslöffel des Pfannkuchenteigs hineingeben und die Pfanne sanft schwenken, so dass ein runder Pfannkuchen entsteht. Etwa 2 Minuten goldbraun backen. Den Pfannkuchen wenden und weitere 10 Sekunden backen. Warm halten und die übrigen Pfannkuchen ebenso backen.

Für die Füllung die Frühlingszwiebeln an den Enden mit einem scharfen Messer oder mit einer Schere fransig einschneiden. Frühlingszwiebeln und Möhren in einer Schüssel mit Eiswasser etwa 15 Minuten in den Kühlschrank stellen, bis sich die Frühlingszwiebeln kräuseln. Das Fleisch und die Haut von der Ente lösen und grob hacken. 60 ml Hoisin-Sauce und Reiswein vermischen.

Die Pfannkuchen auf die Arbeitsfläche legen und je 1 Esslöffel Entenfleisch und -haut darauf geben. Je 1 Teelöffel Hoisin-Reiswein-Mischung darüber träufeln und eine gekräuselte Frühlingszwiebel sowie 3–4 Möhrenstifte auflegen. Die Pfannkuchen aufrollen und mit je 1 Schnittlauchhalm zusammenbinden. Die Schnittlauchenden kürzen. Die restliche Hoisin-Sauce als Dip dazu reichen.

Ergibt 15 Stück

Knusprig umwickelte Garnelen

- 20 große Garnelen (King Prawns), geschält und ohne Darm, jedoch mit Schwanz
- 2 EL Pflanzenöl
- 2 Knoblauchzehen, fein gehackt
- 20 Won-tan-Blätter
- 1 Ei, verquirlt
- 20 Schnittlauchhalme
- 750 ml Pflanzenöl zum Frittieren

Garnelen in eine Schüssel geben. Öl und Knoblauch vermischen und die Meeresfrüchte gründlich mit der Marinade vermengen. Zugedeckt 2 Stunden im Kühlschrank ziehen lassen. Die Won-tan-Blätter auf der Arbeitsfläche mit einem feuchten Küchentuch bedecken. Den Rand eines Blattes mit verquirltem Ei bestreichen. 1 Garnele über die Mitte legen und das Blatt darumwickeln. Den Schnittlauch 1 Minute in heißem Wasser blanchieren und das Röllchen damit zusammenbinden. Die Schnittlauchenden kürzen. Das fertige Röllchen mit einem feuchten Küchentuch abdecken, beiseite stellen und die übrigen Garnelenröllchen vorbereiten.

Das Öl in einem großen Wok oder einer tiefen Pfanne auf 190 °C erhitzen. Die Temperatur ist erreicht, wenn sich um ein Stückchen Brot Blasen bilden und es eine goldene Farbe annimmt (eventuell ein Frittierthermometer verwenden).

Die umhüllten Garnelen portionsweise hineingeben und 1–2 Minuten goldbraun ausbacken. Mit einem Schaumlöffel herausheben und auf Küchenpapier abtropfen lassen. Mit Sojasauce, Hoisin-Sauce oder Einfacher Pflaumensauce (siehe Seite 104) heiß servieren.

Ergibt 20 Stück

Dim sum im Lotosblatt

5 getrocknete Lotosblätter, halbiert (ersatzweise Bananenblätter oder Alufolie)
280 g Kurzkornreis, gewaschen und abgetropft
4 getrocknete chinesische Pilze
1 EL Pflanzenöl
2 TL frischer Ingwer, geschält und gerieben
200 g Hühnerfleisch, fein gehackt
125 g große Garnelen (King Prawns), geschält, ohne Darm und fein gehackt
2 luftgetrocknete chinesische Schweinswürstchen, fein gehackt
1 EL Sojasauce
1 EL Reiswein
1 EL Austernsauce
2 TL Stärkemehl, mit 1 EL Wasser verrührt

Die Lotosblätter werden nicht mitgegessen. Sie können jedoch nach dem Essen behutsam gewaschen und erneut verwendet werden.

Die Lotosblätter in heißem Wasser etwa 15 Minuten einweichen, bis sie geschmeidig sind. Einen mittelgroßen Bambusdämpfkorb mit Backpapier auskleiden. Den Reis darauf ausbreiten und den Dämpfkorb verschließen. Einen mittelgroßen Wok zur Hälfte mit Wasser füllen (der Dämpfkorb darf das Wasser nicht berühren) und das Wasser zum Kochen bringen. Den Dämpfkorb über das siedende Wasser stellen. Den Reis 25–30 Minuten im Dampf garen, bei Bedarf etwas kochendes Wasser in den Wok nachgießen. Den Dämpfkorb aus dem Wok heben, den Reis abkühlen lassen und in 10 Portionen teilen.

Die Pilze in einer kleinen Schüssel mit kochendem Wasser 10–15 Minuten quellen lassen, bis sie weich sind. Abgießen und die überschüssige Flüssigkeit aus den Pilzen herausdrücken. Fein hacken, dabei die dicken Stiele entfernen.

Öl im Wok auf mittlerer Stufe erhitzen und den Ingwer 30 Sekunden darin anschwitzen. Hühnerfleisch und Garnelen zufügen und 3 Minuten rühren, bis die Zutaten Farbe annehmen. Schweinswürstchen, Pilze, Sojasauce, Reiswein und Austernsauce zugeben und 1 Minute mitgaren. Die Stärkemehl-Wasser-Mischung einrühren, alles aufkochen und unter Rühren etwa 2 Minuten einkochen lassen. Vom Herd nehmen und abkühlen lassen.

Die Lotosblätter auf der Arbeitsfläche ausbreiten. Jeweils eine Portion Reis in die Mitte geben und eine Mulde hineindrücken. 3 Teelöffel der Geflügelmischung hineingeben und das Blatt zu einem Päckchen falten. Mit Raffiabast oder Zwirn verschnüren.

Einen großen Wok zur Hälfte mit Wasser füllen (der Dämpfkorb darf das Wasser nicht berühren) und das Wasser zum Kochen bringen. Die Päckchen in den Dämpfkorb legen und diesen zugedeckt über das siedende Wasser stellen. 15 Minuten im Dampf garen, bei Bedarf etwas kochendes Wasser in den Wok nachgießen. Den Dämpfkorb aus dem Wok heben und die Päckchen anrichten. Aufgeschnitten servieren.

Ergibt 10 Stück

Garnelen-Pfannkuchen-Röllchen

PFANNKUCHEN

180 g Weizenmehl Type 405

2 Eier, verquirlt

625 ml Wasser

3 EL Pflanzenöl

FÜLLUNG

1 EL Pflanzenöl

2 TL frischer Ingwer, geschält und gerieben

1 Möhre, geschält und gerieben

1 Stange Sellerie, fein gehackt

250 g große Garnelen (King Prawns), geschält, ohne Darm und fein gehackt

125 g Bohnensprossen

45 g Salatgurke, fein gehackt

1 EL Sojasauce

1 EL Reiswein

1 TL Sesamöl

2 TL Stärkemehl

2 Eier, verquirlt

3 EL Wasser

2 TL Stärkemehl

2 EL Pflanzenöl

Für die Pfannkuchen Mehl in eine mittelgroße Schüssel sieben. In einer zweiten Schüssel die Eier mit Wasser verquirlen. Eine Mulde in die Mehlmischung drücken und nach und nach die Eiermasse hineinrühren, bis ein glatter Teig entsteht.

In einer beschichteten Pfanne 2 Esslöffel Öl auf mittlerer Stufe erhitzen. 2 Esslöffel des Pfannkuchenteigs hineingeben und unter sanftem Schwenken verteilen. Den Pfannkuchen etwa 1 Minute backen, bis er Blasen wirft. Wenden und weitere 30 Sekunden backen. Warm halten und die übrigen Pfannkuchen ebenso backen.

Für die Füllung Öl in einem Wok oder einer Pfanne auf mittlerer Stufe erhitzen und den Ingwer darin 1 Minute anschwitzen. Möhre, Sellerie und Garnelen hinzufügen und rühren, bis die Garnelen nach etwa 2 Minuten Farbe annehmen. Vom Herd nehmen und die Bohnensprossen sowie die Salatgurke zugeben. Sojasauce, Reiswein, Sesamöl und Stärkemehl vermischen, in den Wok geben und unter Rühren 2–3 Minuten köcheln lassen, bis die Masse eindickt. Vom Herd nehmen, die Füllung auf einen Teller geben und gründlich auskühlen lassen.

Die Pfannkuchen auf die Arbeitsfläche legen, je 1 Esslöffel der Garnelenmasse darauf geben und die Pfannkuchen zu kleinen Päckchen falten.

Eier, Wasser und restliches Stärkemehl in einem tiefen Teller verquirlen. Das restliche Öl in einer Pfanne bei mittlerer Temperatur erhitzen. Die gefüllten Pfannkuchen in die Eiermischung tauchen, überschüssiges Ei abtropfen lassen und die Pfannkuchen portionsweise von beiden Seiten 2–3 Minuten goldbraun backen. Mit Sojasauce, Hoisin-Sauce oder Einfacher Pflaumensauce (siehe Seite 104) heiß servieren.

Ergibt 18 Stück

GARNELEN-PFANNKUCHEN-RÖLLCHEN

Garnelenröllchen im Reisblatt

750 g große Garnelen (King Prawns), geschält, ohne Darm und fein gehackt

3 TL frischer Ingwer, geschält und gerieben

2 Knoblauchzehen, fein gehackt

4 Schalotten oder Frühlingszwiebeln, fein gehackt

1 EL Stärkemehl

20 Reisblätter (20 x 20 cm, ersatzweise können auch Frühlingsrollen-Teigblätter oder Pfannkuchen verwendet werden, siehe Garnelen-Pfannkuchen-Röllchen auf Seite 70)

2 EL Stärkemehl, mit 1½ EL Wasser verrührt

60 ml Pflanzenöl zum Frittieren

In einer Schüssel Garnelen, Ingwer, Knoblauch, Schalotten bzw. Frühlingszwiebeln und Stärkemehl vermengen. Mit angefeuchteten Händen gründlich durchmischen. Die Reisblätter nacheinander einzeln 1–2 Minuten in einer flachen Schüssel mit warmem Wasser einweichen. Auf die Arbeitsfläche legen und jeweils 1½ Esslöffel der Garnelenfüllung in die Mitte geben. Den Rand mit dem angerührten Stärkemehl bestreichen. Das Reisblatt über die Füllung falten, die Seiten einschlagen und zu einem kleinen Päckchen aufrollen. Mit einem feuchten Küchentuch bedecken und beiseite stellen. Mit den übrigen Zutaten ebenso verfahren.

Das Öl im Wok oder einer tiefen Pfanne auf 190 °C erhitzen. Die Temperatur ist erreicht, wenn sich um ein Stückchen Brot Blasen bilden und es eine goldene Farbe annimmt (eventuell ein Frittierthermometer verwenden). Die Garnelenröllchen portionsweise hineingeben und 2 Minuten von beiden Seiten goldbraun backen. Wok bzw. Pfanne gelegentlich schwenken, damit nichts anhaftet. Röllchen herausheben und auf Küchenpapier abtropfen lassen. Mit Hoisin-Sauce heiß servieren.

Ergibt 20 Stück

Meeresfrüchte

Gebratener Kalmar mit Chili

4 Kalmartuben (insgesamt 375 g), gewaschen
2 EL Pflanzenöl
3 Knoblauchzehen, fein gehackt
1–2 kleine rote Chilischoten, entkernt und fein gehackt
1 TL Sesamöl

Kalmare jeweils der Länge nach halbieren und in 2 cm breite Streifen schneiden. Öl im Wok oder in einer Pfanne auf mittlerer Stufe erhitzen. Knoblauch und Chili 1 Minute anschwitzen. Kalmarstreifen zufügen und 1 Minute unter Rühren mitdünsten. Den Kalmar nicht zu lange garen, sonst wird er hart. Zum Schluss das Sesamöl zugeben. Kalmar vom Herd nehmen und heiß servieren.

Ergibt 4 kleine Portionen

Gedämpfte Jakobsmuscheln

24 Jakobsmuscheln (mit 24 Schalen)
2 EL Pflanzenöl
4 Knoblauchzehen, fein gehackt
6 Schalotten oder Frühlingszwiebeln, fein gehackt

INGWER-SCHALOTTEN-SAUCE
6 Schalotten, fein gewürfelt
3 EL Pflanzenöl
1 Stück frischer Ingwer (5 cm), in feine Streifen geschnitten
1 grüne Chilischote, entkernt und fein gehackt
4 EL Sojasauce
2 EL Wasser

Jakobsmuscheln säubern, das weiße Fleisch und den orangefarbenen Rogen in den Muschelschalen verteilen. Öl in einem kleinen Topf auf mittlerer Stufe erhitzen und den Knoblauch etwa 1 Minute anschwitzen. Die Schalotten bzw. Frühlingszwiebeln zufügen und 1 Minute mitdünsten. Vom Herd nehmen und die Mischung über die Muscheln verteilen.

Einen mittelgroßen Wok zur Hälfte mit Wasser füllen (der Dämpfkorb darf das Wasser nicht berühren) und das Wasser zum Kochen bringen. Die Jakobsmuscheln in der Schale portionsweise in den Dämpfkorb setzen und diesen zugedeckt über das siedende Wasser stellen. Das Muschelfleisch 7–10 Minuten im Dampf garen, bei Bedarf etwas kochendes Wasser in den Wok nachgießen. Den Dämpfkorb aus dem Wok heben und die Muscheln in der Schale auf Tellern anrichten.

Für die Sauce die Schalotten in eine kleine Schüssel füllen. Das Öl in einem kleinen Topf auf mittlerer Stufe erhitzen, Ingwer und Chili darin 1 Minute anschwitzen. Vom Herd nehmen und Sojasauce sowie Wasser einrühren. Alles aufkochen lassen und über die Schalottenwürfelchen geben. Die Sauce vor dem Servieren 2 Minuten ziehen lassen.

Ergibt 4 kleine Portionen

GEDÄMPFTE JAKOBSMUSCHELN 77

Venusmuscheln mit Schwarze-Sojabohnen-Sauce

500 g frische Venusmuscheln (in der Schale), gesäubert

SCHWARZE-SOJABOHNEN-SAUCE
2 TL Pflanzenöl
2 Knoblauchzehen, fein gehackt
2 TL frischer Ingwer, geschält und gerieben
2 TL schwarze Sojabohnen, fermentiert, abgespült und gehackt
2 EL Sojasauce
90 ml Wasser
2 EL Austernsauce

Die Venusmuscheln in den Dämpfkorb geben und diesen zudecken. Einen mittelgroßen Wok zur Hälfte mit Wasser füllen (der Dämpfkorb darf das Wasser nicht berühren) und das Wasser zum Kochen bringen. Den Dämpfkorb über das siedende Wasser stellen und die Muscheln 3–4 Minuten im Dampf garen, bis sie sich öffnen (verschlossene Muscheln wegwerfen). Bei Bedarf etwas kochendes Wasser in den Wok nachgießen. Den Dämpfkorb aus dem Wok heben und die Venusmuscheln herausnehmen.

Für die Schwarze-Sojabohnen-Sauce das Öl in einem kleinen Topf bei mittlerer Temperatur erhitzen. Knoblauch und Ingwer 1 Minute anschwitzen. Schwarze Sojabohnen, Sojasauce, Wasser und Austernsauce zufügen. Alles aufkochen, Hitze reduzieren und die Sauce 1 Minute köcheln lassen. Über die Venusmuscheln träufeln und servieren.

Ergibt 6–8 kleine Portionen

Garnelenbällchen

500 g große Garnelen (King Prawns), geschält und ohne Darm

2 Knoblauchzehen, fein gehackt

3 TL frischer Ingwer, geschält und gerieben

2 TL Fischsauce

½ TL Salz

30 g Stärkemehl und etwas zum Bemehlen der Hände

4 Schalotten oder Frühlingszwiebeln, grob gehackt

2 EL Wasserkastanien (aus der Dose), abgegossen und fein gehackt

60 g Bambussprossen (aus der Dose), abgegossen und fein gehackt

750 ml Pflanzenöl zum Frittieren

2 Limetten, in Achtel geteilt

Die Garnelenbällchen schmecken gedämpft genauso gut wie frittiert.

Garnelen, Knoblauch, Ingwer, Fischsauce, Salz und Stärkemehl in der Küchenmaschine zu einer glatten Masse vermengen und in eine Schüssel geben. Schalotten bzw. Frühlingszwiebeln, Wasserkastanien und Bambussprossen hineinrühren und mit angefeuchteten Händen alles gründlich durchmischen.

Die Hände mit Stärkemehl bestreuen und 1 Teelöffel der Garnelenmischung zu einer Kugel formen. Die Kugel in Stärkemehl wälzen und überschüssiges Mehl wieder abschütteln.

Das Öl in einem großen Wok auf 190 °C erhitzen. Die Temperatur ist erreicht, wenn sich um ein Stückchen Brot Blasen bilden und es eine goldene Farbe annimmt (eventuell ein Frittierthermometer verwenden). Die Garnelenbällchen portionsweise hineingeben und 2 Minuten goldbraun ausbacken. Mit einem Schaumlöffel herausnehmen und auf Küchenpapier abtropfen lassen. Mit Limettenachteln und Limetten-Fisch-Sauce (siehe Seite 105) heiß servieren.

Die Garnelenbällchen können auf Wunsch nach dem Garen auf kleine Spieße gereiht werden.

Ergibt 12 Stück

Schweinefleisch

Gedämpfte Schweinerippchen

500 g Rippchen, vorbereitet und vom Metzger in 8 cm große Stücke geschnitten

1 EL Reiswein

1 TL Salz

2 TL feiner Kristallzucker

1 TL Sesamöl

4 Knoblauchzehen, fein gehackt

2 EL schwarze Sojabohnen, fermentiert, abgespült und gehackt

½ TL getrocknete Chiliflocken

2 TL Stärkemehl

½ rote Paprikaschote, geputzt und in feine Streifen geschnitten

Rippchen in eine flache Schüssel geben. Reiswein, Salz, Zucker, Sesamöl, Knoblauch, Sojabohnen, Chiliflocken und Stärkemehl gut vermischen. Die Mischung über die Rippchen geben und alles 2 Stunden zugedeckt an einem kühlen Ort ziehen lassen.

Einen mittelgroßen Wok zur Hälfte mit Wasser füllen (der Dämpfkorb darf das Wasser nicht berühren) und das Wasser zum Kochen bringen. Die Rippchen portionsweise auf einem feuerfesten Teller in den Dämpfkorb geben. Diesen zugedeckt über das siedende Wasser stellen und die Rippchen 25 Minuten im Dampf garen. Bei Bedarf etwas kochendes Wasser in den Wok nachgießen. Den Dämpfkorb aus dem Wok heben und die Rippchen anrichten. Mit Paprikastreifen garnieren.

Ergibt 8 kleine Portionen

GEDÄMPFTE SCHWEINERIPPCHEN

Schweinefleisch vom Grill auf chinesische Art

2 Schweinefilets (à 375 g)
3 EL Hoisin-Sauce
3 EL Ground-bean-Sauce
2 Knoblauchzehen, zerstoßen
¼ TL Fünf-Gewürze-Pulver
3 EL Sojasauce
1 Prise rote Lebensmittelfarbe (nach Wunsch)
1 EL brauner Zucker

Dieses Rezept eignet sich für alle Gerichte mit Schweinefleisch vom Grill auf chinesische Art, etwa für die Gedämpften Brötchen mit Schweinefleisch auf Seite 54.

Die Schweinefilets in eine flache Schüssel geben. Hoisin-Sauce, Ground-bean-Sauce, Knoblauch, Fünf-Gewürze-Pulver, Sojasauce, Lebensmittelfarbe und braunen Zucker gut vermischen und über das Schweinefleisch geben. Zugedeckt über Nacht im Kühlschrank marinieren.

Die Filets abgießen, dabei die Marinade auffangen. Das Fleisch auf einen Grillrost über einem Backblech legen und 30 Minuten bei 180 °C im Ofen garen. Dabei regelmäßig wenden und mit Marinade bestreichen. Die Filets aus dem Ofen nehmen und vor dem Servieren 10 Minuten ruhen lassen. Schweinefleisch vom Grill kann heiß oder kalt serviert werden.

Ergibt 8 kleine Portionen

Gemüse

Chinesisches Gemüse mit Austernsauce

- 2 EL Austernsauce und etwas zum Beträufeln
- 3 EL Geflügelbouillon
- 2 TL Sojasauce
- 1 TL Sesamöl
- 1 TL Stärkemehl, mit 1 EL Geflügelbouillon verrührt
- 1 Bund Schnittknoblauch, mit Küchengarn gebündelt (ersatzweise auch choisum oder pak-choi, in 10 cm lange Stücke geschnitten)

In einem kleinen Topf Austernsauce, Geflügelbouillon, Sojasauce, Sesamöl und das angerührte Stärkemehl bei mittlerer Hitze zum Kochen bringen, bis die Sauce Blasen wirft und leicht einkocht. Vom Herd nehmen.

Den Schnittknoblauch bzw. das chinesische Gemüse in einem Topf mit kochendem Wasser 1 Minute blanchieren. Mit einem Schaumlöffel herausnehmen, das Küchengarn entfernen, einen Halm herausziehen und das Bündel damit umwickeln. Das Gemüse anrichten und vor dem Servieren mit Austernsauce beträufeln.

Für 4 Personen

CHINESISCHES GEMÜSE MIT AUSTERNSAUCE 87

Shiitake-Pilze vom Grill

400 g Shiitake-Pilze, geputzt

2 EL Sojasauce

2 EL Mirin (siehe Seite 106)

1 EL feiner Kristallzucker

1 EL Schnittlauch, fein gehackt

2 TL schwarze Sesamsamen, mit 1 TL fein gehacktem Schnittlauch vermengt

Die Pilze in eine flache Schüssel geben. Sojasauce, Mirin, Zucker und Schnittlauch vermischen und über die Pilze schöpfen. Zugedeckt 5 Minuten ziehen lassen. Die Pilze abgießen und die Marinade auffangen.

Den Grill vorheizen. Die Pilze auf ein leicht geöltes Blech geben und im Ofen von jeder Seite 3 Minuten grillen, bis sie gar sind. Während des Grillens etwas Marinade über die Pilze träufeln. Die Shiitake in Schälchen oder auf Servierteller anrichten, mit der Sesam-Schnittlauch-Mischung garnieren und heiß servieren.

Ergibt 4 kleine Portionen

SHIITAKE-PILZE VOM GRILL

Kleine Gemüsefrühlingsrollen

1 EL Pflanzenöl

2 Knoblauchzehen, fein gehackt

2 TL frischer Ingwer, geschält und gerieben

6 Schalotten oder Frühlingszwiebeln, fein gehackt

2 Selleriestangen, fein gehackt

250 g Möhren, gerieben

180 g Chinakohl, in feine Streifen geschnitten

125 g Bohnensprossen

3 EL Wasserkastanien (aus der Dose), abgegossen und fein gehackt

20 g Tofu, frittiert und fein gehackt

3 TL Stärkemehl, mit 1 EL Wasser verrührt

2 TL Sesamöl

2 TL Sojasauce

20 tiefgekühlte Minifrühlingsrollen-Teigblätter (11,5 cm x 11,5 cm), aufgetaut

2 TL Stärkemehl, mit 2 EL Wasser verrührt

1 l Pflanzenöl zum Frittieren

1 Esslöffel Öl im Wok bei mittlerer Temperatur erhitzen und Knoblauch und Ingwer darin 1 Minute anschwitzen. Schalotten bzw. Frühlingszwiebeln, Sellerie, Möhre und Chinakohl zufügen und etwa 3 Minuten rühren, bis die Zutaten weich sind. Bohnensprossen, Wasserkastanien und frittierten Tofu zugeben und zugedeckt weitere 2 Minuten garen. Stärkemehl-Wasser-Mischung, Sesamöl und Sojasauce einrühren, alles aufkochen lassen, die Temperatur auf mittlere Hitze reduzieren und die Sauce 1–2 Minuten einköcheln lassen. Vom Herd nehmen und gründlich auskühlen lassen.

Die Frühlingsrollen-Teigblätter voneinander lösen, auf die Arbeitsfläche legen und mit einem feuchten Küchentuch bedecken. Mit den Fingerspitzen etwas angerührtes Stärkemehl auf den Rändern eines Teigblattes verstreichen. 1 Esslöffel der Füllung in die Mitte geben, das Blatt diagonal aufrollen und die Enden einschlagen. Die Enden mit der Stärkemehl-Wasser-Mischung bestreichen und andrücken. Mit den restlichen Teigblättern ebenso verfahren.

Das Öl im Wok oder einer tiefen Pfanne auf 190 °C erhitzen. Die Temperatur ist erreicht, wenn sich um ein Stückchen Brot Blasen bilden und es eine goldene Farbe annimmt (eventuell ein Frittierthermometer verwenden).

Die Frühlingsrollen portionsweise hineingeben und 1 Minute goldbraun ausbacken. Mit einem Schaumlöffel herausheben und auf Küchenpapier abtropfen lassen. Dazu passt Einfache Pflaumensauce (siehe Seite 104).

Ergibt 20 Stück

KLEINE GEMÜSEFRÜHLINGSROLLEN 91

Desserts

Chinesische Cremetoretletts

TEIG

375 g Weizenmehl Type 405

180 g Schmalz

5 EL heißes Wasser

FÜLLUNG

3 Eier, verquirlt

60 g feiner Kristallzucker

375 ml Milch

Gelbe Lebensmittelfarbe (nach Wunsch)

Für den Teig das Mehl in eine Schüssel sieben. Das Schmalz mit den Händen einarbeiten, bis ein krümeliger Teig entsteht. Heißes Wasser zufügen und die Masse zu einem festen Teig kneten. Den Teig auf einer bemehlten Arbeitsfläche mit den Händen weich kneten und zwischen zwei Schichten Backpapier 3 mm fein ausrollen. Mit einem Teigausstecher 24 Kreise von 8 cm Durchmesser ausstechen und gefettete Torteletförmchen damit auslegen.

Für die Füllung Eier, Zucker, Milch und eventuell einige Tropfen Lebensmittelfarbe zu einer glatten Masse verschlagen. In die vorbereiteten Förmchen füllen. Im Ofen 10 Minuten bei 220 °C backen. Die Hitze auf 200 °C reduzieren und die Torteletts 10–15 weiter backen, bis die Creme fest wird. Aus dem Ofen nehmen und 10 Minuten ruhen lassen, aus den Förmchen lösen und auf einem Kuchengitter auskühlen lassen. Gekühlt servieren.

Ergibt 24 Stück

Frische Mangocreme

4 reife Mangos, geschält, entsteint und grob gewürfelt
60 ml Orangensaft
250 ml Wasser
60 g feiner Kristallzucker
6 TL gekörnte Gelatine
Mangoscheiben zum Garnieren

Mango und Orangensaft im Mixer pürieren. Durch ein grobes Sieb streichen und beiseite stellen.

Wasser, Zucker und Gelatine in einen Topf geben. Auf kleiner Stufe erhitzen, bis sich Zucker und Gelatine auflösen. Vom Herd nehmen und 5 Minuten abkühlen lassen. Das pürierte Mangofruchtfleisch gründlich unterrühren. In sechs Dessertschalen oder -förmchen verteilen und 2–3 Stunden im Kühlschrank fest werden lassen. Vor dem Servieren eventuell stürzen und mit Mangoscheiben garnieren.

Ergibt 6 Portionen

FRISCHE MANGOCREME

Süße Kokoswürfel

550 g Klebreis
550 ml Kokosmilch
110 g feiner Kristallzucker

BELAG
150 g Kokosraspel (ungesüßt)
60 ml Kokosmilch, erhitzt
90 g Palmzucker, gerieben (ersatzweise brauner Zucker)
3 EL Wasser

Den Reis in eine große Schüssel geben, mit kaltem Wasser bedecken und über Nacht einweichen. Einen großen Bambusdämpfkorb mit Backpapier auskleiden und den abgetropften Reis darauf ausbreiten.

Einen mittelgroßen Wok zur Hälfte mit Wasser füllen (der Dämpfkorb darf das Wasser nicht berühren) und das Wasser zum Kochen bringen. Den Dämpfkorb zugedeckt über das siedende Wasser stellen und den Reis etwa 45 Minuten im Dampf garen. Bei Bedarf etwas kochendes Wasser in den Wok nachgießen.

Den fertig gedämpften Reis in einen mittelgroßen Topf mit schwerem Boden füllen. Kokosmilch und Zucker zufügen. Bei geringer Hitze unter Rühren erwärmen, bis die Kokosmilch nach 10 Minuten vom Reis gänzlich aufgesogen wurde. Eine flache Form (19 x 28 cm) mit Backpapier auslegen und den Reis gleichmäßig darin verteilen. 2 Stunden im Kühlschrank fest werden lassen.

Für den Belag Kokosraspel und -milch vermischen. Zucker und Wasser unter Rühren 3–4 Minuten in einem kleinen Topf erhitzen, bis die Mischung leicht eindickt. Unter die Kokosmischung ziehen und alles gründlich miteinander verrühren. Auf Zimmertemperatur abkühlen lassen.

Die Kokosmasse auf dem Reis verteilen, glatt streichen und 1 Stunde im Kühlschrank fest werden lassen. Den Reis in Würfel schneiden und servieren.

Ergibt 16 Stück

SÜSSE KOKOSWÜRFEL 97

Mandelcremewürfel

500 ml Wasser

60 g feiner Kristallzucker

5 TL gekörnte Gelatine

160 ml Kondensmilch

½ TL Mandelextrakt

Mangoscheiben zum Garnieren

Die köstlichen Mandelwürfel können mit den unterschiedlichsten frischen Früchten serviert werden.

Wasser und Zucker in einen Topf geben. Die Gelatine darüber streuen und die Mischung zum Kochen bringen. 1 Minute rühren, dann die Mischung vom Herd nehmen. Kondensmilch und Mandelextrakt unterziehen und alles gut vermischen. Die Creme in eine geölte Form (18 x 28 cm) füllen und im Kühlschrank 2–3 Stunden fest werden lassen. Vor dem Servieren in kleine Würfel schneiden und mit frischen Mangoscheiben garnieren.

Ergibt 16 Stück

MANDELCREMEWÜRFEL

Dips und Saucen

Süße Koriandersauce

60 g feiner Kristallzucker

180 ml Weißweinessig

60 ml Wasser

1 kleine rote Chilischote, entkernt und in Ringe geschnitten

2 Schalotten oder Frühlingszwiebeln, fein gehackt

1 EL Koriandergrün, fein gehackt

½ kleine Salatgurke, entkernt und klein gehackt

Zucker, Essig und Wasser in einen kleinen Topf geben. Bei geringer Hitze unter Rühren den Zucker auflösen. Vom Herd nehmen und Chili, Schalotten bzw. Frühlingszwiebeln, Koriandergrün sowie Gurkenstückchen hineinrühren.

Ergibt 250 ml

Ingwer-Soja-Dip

3 TL frischer Ingwer, geschält und gerieben

125 ml Sojasauce

2 EL süße Chilisauce

Ingwer mit Sojasauce und süßer Chilisauce in ein Schälchen geben und gründlich vermischen.

Ergibt 150 ml

Chilisauce

2 TL Sambal Oelek

125 ml Reiswein

1 TL feiner Kristallzucker

1 EL Schalotten oder Frühlingszwiebeln, fein gehackt

Sambal Oelek mit Reiswein, Zucker und Schalotten bzw. Frühlingszwiebeln in ein Schälchen geben und alles gründlich miteinander vermischen.

Ergibt 125 ml

Limetten-Koriander-Dip

2 EL Fischsauce

2 EL Weißweinessig

2 EL frischer Limettensaft

½ TL feiner Kristallzucker

2 EL Koriandergrün, fein gehackt

Fischsauce, Essig, Limettensaft, Zucker und Koriandergrün in ein Schälchen geben und gründlich miteinander vermischen.

Ergibt 60 ml

Einfache Pflaumensauce

5 EL Pflaumenmus

125 ml Reisessig

1 kleine rote Chilischote, entkernt und in feine Ringe geschnitten

Pflaumenmus und Reisessig in einem kleinen Topf bei mittlerer Hitze etwa 3 Minuten unter Rühren erwärmen, bis sich das Mus auflöst. Vom Herd nehmen und abkühlen lassen. Kurz vor dem Servieren die Chilischote unterrühren.

Ergibt 250 ml

Schnelle süß-saure Sauce

375 ml Ananassaft

2 EL Ketschup

2 TL Tomatenmark

2 EL feiner Kristallzucker

3 EL Weißweinessig

Die Zutaten in einem mittelgroßen Topf zum Kochen bringen. Die Hitze reduzieren und die Sauce 10 Minuten unter gelegentlichem Rühren köcheln lassen. Vom Herd nehmen und vor dem Servieren abkühlen lassen.

Ergibt 375 ml

Limetten-Fisch-Sauce

125 ml Limettensaft

2 TL Palmzucker, gerieben (ersatzweise brauner Zucker)

2 TL Fischsauce

1 TL Schalotten oder Frühlingszwiebeln, fein gehackt

1 TL rote Chilischote, entkernt und fein gehackt

1 TL frischer Ingwer, geschält und gerieben

Limettensaft in ein Schälchen geben. Zucker zufügen und rühren, bis er sich auflöst. Fischsauce, Schalotten bzw. Frühlingszwiebeln, Chili und Ingwer beigeben und alles gut vermischen.

Ergibt 125 ml

Glossar

Austernsauce. Dickflüssige, dunkelbraune chinesische Sauce aus fermentierten, getrockneten Austern und Sojasauce. Sie verleiht in der Pfanne gebratenen und anderen Gerichten ein intensives oder auch mild salziges Aroma. Nach dem Öffnen im Kühlschrank aufbewahren.

Chinesische gebratene Ente. Wird in chinesischen Lebensmittelgeschäften frisch gebraten angeboten und schmeckt sowohl in Pfannengerichten als auch solo köstlich. Gebratene Ente kann ein bis zwei Tage aufbewahrt werden. Falls gebratene Ente nicht erhältlich ist, kann sie durch gebratenes Huhn ersetzt werden.

Chinesisches Schweinefleisch vom Grill. Das knochenlose Stück Schweinefleisch wird erst in Fünf-Gewürze-Pulver und Sojasauce mariniert und dann gegrillt. Das in Scheiben oder Streifen geschnittene Fleisch ist in chinesischen Lebensmittelgeschäften erhältlich (auch bekannt unter dem Namen cha siu). Das Schweinefleisch kann bis zu zwei Tage im Kühlschrank aufbewahrt werden.

Cilantro. Stark duftendes Koriandergrün, das vom Aussehen an Petersilie erinnert und daher auch chinesische Petersilie genannt wird. Die Blätter und Wurzeln werden in der südostasiatischen Küche gern verwendet.

Fischsauce. Eine sehr intensive Sauce aus gesalzenem fermentierten Fisch und anderen würzenden Zutaten, deren Zusammenstellung je nach Herstellungsort variiert. Nam plaa, die Fischsauce aus Thailand ist eine der am weitesten verbreiteten Sorten.

Fünf-Gewürze-Pulver. Die duftende Gewürzmischung wird in der chinesischen Küche häufig verwendet. Sie besteht üblicherweise aus Sternanis, Szechuanpfeffer, Fenchelsamen, Gewürznelken und Zimt und ist sparsam zu verwenden.

Gow-gee-Presse. Eine kleine Presse (zumeist aus Plastik) zur Herstellung von gow gee (halbkreisförmigen Teigtaschen). Die Presse ist in asiatischen Lebensmittelgeschäften erhältlich.

Ground-bean-Sauce. Industriell hergestellte Sauce aus Sojabohnen, Zucker, Salz, Sesamöl und Mehl. Ground-bean-Sauce findet man in asiatischen Lebensmittelgeschäften.

Ingwer. Dicke, wurzelähnliche Knolle der Ingwerpflanze mit einem scharfen, pikanten Aroma. Bei frischem Ingwer wird die dünne gelbbraune Schale entfernt, das Fleisch gerieben oder in Scheiben geschnitten. Frischer Ingwer kann bis zu drei Tage im Kühlschrank aufbewahrt werden.

Kokosmilch. Reichhaltige Flüssigkeit, für die geraspeltes Kokosnussfleisch in Wasser eingeweicht wurde. Kokosmilch wird in Dosen angeboten und in der asiatischen Küche sowohl für herzhafte als auch für süße Speisen verwendet.

Koriandergrün. Siehe Cilantro.

Lotosnusspaste. Die traditionelle Füllung der chinesischen Mondkuchen wird aus den Samen der Lotospflanze bereitet. Die Paste ist in asiatischen Lebensmittelgeschäften als Dosenware erhältlich.

Mirin. Süßer gespriteter Wein, der aus Reis bereitet wird. Nach dem Öffnen sollte er kühl und dunkel gelagert werden. Ersatzweise verwendet man süßen Sherry.

Mungobohnensprossen. Die Sprossen der grünen Mungobohnen sind frisch oder als Dosenware erhältlich. Frische Sprossen sind etwas knackiger und besitzen einen feineren Geschmack. Die Sprossen lassen sich bis zu drei Tage im Kühlschrank aufbewahren.

Palmzucker. Dichte, schwere, dunkle Scheiben, die aus dem Saft verschiedener Palmenarten gewonnen werden. Palmzucker ist in asiatischen Lebensmittelgeschäften erhältlich. Er wird vor der Verwendung mit einem scharfen Messer oder einer Reibe geraspelt. Kann notfalls durch braunen Zucker ersetzt werden.

Red-bean-Paste. Eine Paste aus gegarten, pürierten und gesüßten Adzukibohnen, die als Dosenware in asiatischen Lebensmittelgeschäften angeboten wird.

Sambal Oelek. Scharfe indonesische Paste aus pürierten Chilischoten, Salz und gelegentlich auch Essig.

Schwarze Sojabohnen. Gesalzene und fermentierte Sojabohnen sind in asiatischen Lebensmittelgeschäften als Dosenware oder in Tüten erhältlich. Vor der Verwendung werden sie gründlich abgespült, da sie mitunter sehr salzig sind. In einem geschlossenen Behälter können sie im Kühlschrank aufbewahrt werden.

Sojasauce. Die salzige Sauce aus fermentierten Sojabohnen und Weizen wird beim Kochen und als Tischwürze verwendet. Dunkle Sojasauce ist dickflüssiger und häufig weniger salzig als die helle Variante. Es werden auch salzarme Sorten angeboten.

Süße Chilisauce. Milde, süße Chilisauce, die zum Würzen und als Dip verwendet wird. Nach dem Öffnen im Kühlschrank aufbewahren.

Tofu. Wird aus eingeweichten gelben Sojabohnen hergestellt, die erst püriert und dann in Wasser gekocht werden. Nachdem der Sojamilch ein Gerinnungsmittel zugefügt wurde, wird die Molke abgelassen und der Teig leicht gepresst. Frischer Tofu ist in weicher und fester Form erhältlich. Geöffnet bewahrt man ihn in einem Schälchen mit Wasser im Kühlschrank auf. Tofu ist in asiatischen Lebensmittelgeschäften und Bioläden, teilweise auch in Supermärkten erhältlich.

Register

Aromatisierter Tee 10

Brötchen s. gedämpfte Brötchen
Brokkoli, chinesischer 14

Chilisauce 102
Chinesische Cremetoretletts 92
Chinesische Schweinswürstchen
    Gedämpfte Brötchen mit 36
    Warenkunde 15
Chinesischer Brokkoli 14
Chinesisches Gemüse mit Austernsauce 86
choisum
    Chinesisches Gemüse mit Austernsauce 86
    Gedämpfte Brötchen mit Gemüse 62
    Warenkunde 15
Cilantro *siehe Koriander*
Creme
    Frische Mango- 94
    Mandelcremewürfel 98
    -torteletts, chinesische 92

Dampfgaren 19
Dim sum im Lotosblatt 68
Dip *siehe auch Sauce*
    Ingwer-Soja- 102
    Limetten-Koriander- 103

Einfache Pflaumensauce 104
Ente, Pfannkuchen mit Peking- 64

Frische Mangocreme 94
Frittieren 18

Frühlingsrollen
    Kleine Gemüse- 90
    Traditionelle Mini- 34
Frühlingsrollen-Teigblätter 17

Garnelen
    -bällchen 80
    -bällchen, goldene 22
    Gefüllte Krebsscheren 28
    Knusprig frittierte Teigtaschen 44
    Knusprig umwickelte 66
    -Pfannkuchen-Röllchen 70
    -röllchen im Reisblatt 72
    Schnelle Straßenteigtaschen 38
    Schweinefleisch-Schwalben 46
    -toast 30
Garnelenbällchen, goldene 22
Gebratener Kalmar mit Chili 74
Gedämpfte Brötchen
    Garmethode 21
    mit chinesischen Schweinswürstchen 36
    mit Gemüse 62
    mit Hühnerfleisch 58
    mit Lotosnusspaste 56
    mit Red-bean-Paste 60
    mit Schweinefleisch 54
Gedämpfte Jakobsmuscheln 76
Gedämpfte Schweinerippchen 82
Gedämpfte Spinat-Ingwer-Teigtaschen 50
Gefüllte Krebsscheren 28
Geldsäckchen, im Wok frittierte 48
Gemüse
    Chinesisches, mit Austernsauce 86
    -frühlingsrollen, kleine 90
    Gedämpfte Brötchen mit 62
    Warenkunde 14

Getrocknete Pilze
- Knusprig frittierte Teigtaschen 44
- Schnelle Straßenteigtaschen 38
- chinesische, Warenkunde 14

Goldene Garnelenbällchen 22

Grüner Tee 10

Hahnenkamm-Teigtaschen 42

Hoisin-Sauce 16

Hühnerfleisch
- Gedämpfte Brötchen mit 58
- Hahnenkamm-Teigtaschen 42
- Im Wok frittierte Geldsäckchen 48
- Won-tan-Blüten 24

Im Wok frittierte Geldsäckchen 48

Ingwer
- Gedämpfte Spinat-Ingwer-Teigtaschen 50
- –Schalotten-Sauce 76
- –Soja-Dip 102

Jakobsmuscheln, gedämpfte 76

Kalmar mit Chili, gebratener 74

King Prawns *siehe* Garnelen

Kleine Gemüsefrühlingsrollen 90

Knusprig frittierte Teigtaschen 44

Knusprig umwickelte Garnelen 66

Kokoswürfel, süße 96

Koriander
- Limetten-Koriander-Dip 103
- Süße Koriandersauce 100

Koriandersauce, süße 100

Krebsscheren, gefüllte 28

Lachssäckchen 40

Limetten-Fisch-Sauce 105

Limetten-Koriander-Dip 103

lop chong (chinesische luftgetrocknete Schweinswürstchen)
- Gedämpfte Brötchen mit 36
- Warenkunde 15

Lotosblatt, dim sum im 68

Lotosnusspaste, gedämpfte Brötchen mit 56

Mandelcremewürfel 98

Mangocreme, frische 94

Minifrühlingsrollen, traditionelle 34

Oolong-Tee 10

pak-choi
- Chinesisches Gemüse mit Austernsauce 86
- Gedämpfte Brötchen mit Gemüse 62
- Im Wok frittierte Geldsäckchen 48
- Schanghai-Teigtaschen 32
- Warenkunde 14

Pekingente, Pfannkuchen mit 64

Perlbällchen 26

Pfannkuchen
- Garnelen-Pfannkuchen-Röllchen 70
- mit Pekingente 64

Pilze *siehe* Getrocknete Pilze und Shiitake-Pilze

Pflaumensauce, einfache 104

Red-bean-Paste, gedämpfte Brötchen mit 60

Reis
- Dim sum im Lotosblatt 68
- Perlbällchen 26

Reisblätter
- Garnelenröllchen im Reisblatt 72
- Warenkunde 16

Reiswein 16

Säckchen
- Im Wok frittierte Geld– 48
- Lachs– 40

Sauce *siehe auch Dip*
    Chili– 102
    Ingwer-Schalotten– 76
    Koriander–, süße 100
    Limetten-Fisch– 105
    Pflaumen-, einfache 104
    Schnelle, süß-saure 104
    Schwarze-Sojabohnen– 78
Schanghai-Teigtaschen 32
Schnelle Straßenteigtaschen 38
Schnelle süß-saure Sauce 104
Schwarzer Tee 10
Schwarze-Sojabohnen-Sauce 78
Schweinefleisch
    Gedämpfte Brötchen mit 54
    Gedämpfte Schweinerippchen 82
    Perlbällchen 26
    Schanghai-Teigtaschen 32
    –Schwalben 46
    vom Grill auf chinesische Art 84
Schweinerippchen, gedämpfte 82
Schweinswürstchen, chinesische
    Gedämpfte Brötchen mit 36
    Warenkunde 15
Sesamöl 17
Shiitake-Pilze
    vom Grill 88
    Warenkunde 16
Spinat-Ingwer-Teigtaschen, gedämpfte 50
Straßenteigtaschen, schnelle 38
Süße Kokoswürfel 96
Süße Koriandersauce 100
Süß-saure Sauce, schnelle 104

Tee 10
Teigtaschen
    Garmethode 20
    Gedämpfte Spinat-Ingwer– 50
    Hahnenkamm– 42
    Im Wok frittierte Geldsäckchen 48
    Knusprig frittierte 44
    Lachssäckchen 40
    –mit Zuckererbsensprossen 52
    Schanghai– 32
    Schweinefleisch-Schwalben 46
    Straßen–, schnelle 38
    Won-tan-Blüten 24
Traditionelle Minifrühlingsrollen 34
Toast, Garnelen– 30
Torteletts, Chinesische Creme– 92

Utensilien 12

Venusmuscheln mit Schwarze-Sojabohnen-Sauce 78

Wasserkastanien
    Warenkunde 17
    Won-tan-Blüten 24
Weißer Tee 10
Won-tan-Blätter 17
Won-tan-Blüten 24

Zuckererbsensprossen, Teigtaschen mit 52

Titel der englischen Originalausgabe:
dim sum

Ins Deutsche übertragen von Angela Kuhk

Die Originalausgabe erschien 1999 bei © Lansdowne Publishing Pty Ltd.,
Sydney NSW 2000, Australien

Copyright © 2000 der deutschen Ausgabe
by Wilhelm Heyne Verlag GmbH & Co. KG, München
Umschlaggestaltung: Hauptmann und Kampa Werbeagentur, CH-Zug,
unter Verwendung von Fotos von Louise Lister
Layout: Anna Warren
Fotografie: Louise Lister
Foodstyling: Vicki Liley
Redaktion: Sylvie Hinderberger
Herstellung: Karlheinz Rau
Satz: DTP-Service, Puchheim
Druck und Bindung: Tien Wah Press (Pte) Ltd.

Printed in Singapore

ISBN 3-453-17679-0

COLLECTION ROLF HEYNE

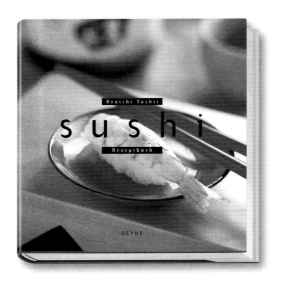

Ryuichi Yoshii
Sushi
Rezeptbuch
Durchgehend vierfarbig
112 Seiten, gebunden
ISBN 3-453-15957-8

Deng Ming-Dao
ZEN
Geheimnisse der asiatischen Küche
Durchgehend vierfarbig
160 Seiten, gebunden
ISBN 3-453-15800-8

Sushi – das ist die japanische Kunst, aus mariniertem Reis, frischem Fisch oder Gemüse delikate Happen zu zaubern, die gleichermaßen ein Genuß für Auge und Gaumen sind.

Schritt für Schritt weiht der japanische Meisterkoch Ryuichi Yoshii in die Geheimnisse der Sushi-Zubereitung und der richtigen Präsentation ein. Dabei erläutert er Zutaten, Utensilien und Techniken, die anschaulich auf step-by-step-Fotos gezeigt werden, und gibt Tipps für den Einkauf sowie die Zubereitung der verschiedenen Fischsorten.

Mit über 40 modernen wie traditionellen Rezepten und hervorragenden Fotografien ist das Buch ein »must« für alle, die Sushi lieben und erfolgreich zu Hause zubereiten wollen.

ZEN. Geheimnisse der asiatischen Küche ist die Verbindung von Lebensweisheit und bewusster Geisteshaltung des ZEN-Buddhismus mit köstlichen Rezepten aus der traditionellen und modernen asiatischen Küche. Der Autor lehrt die Kochkunst in Übereinstimmung mit den einfachen Prinzipien des ZEN und lenkt den Blick auf die scheinbar simplen Genüsse: Für einen ZEN-Koch liegt die ganze Welt bereits in einer Wassermelone, in seinem Topf kochen Flüsse und Berge.

Bebildert mit kunstvollen Aufnahmen, die die Einfachheit und Ruhe des ZEN widerspiegeln, und begleitet von anregenden Geschichten von ZEN-Meistern ist dieses inspirierende Kochbuch ein Geschenk für alle, die sich auf den Weg der kulinarischen Erleuchtung machen wollen.

HEYNE